Carola Hoffmeister
Reportage Iran

Carola Hoffmeister

Reportage Iran

Schwarze Schleier, grüne Fahnen

Picus Verlag Wien

Copyright © 2010 Picus Verlag Ges.m.b.H., Wien
Alle Rechte vorbehalten
Grafische Gestaltung: Dorothea Löcker, Wien
Umschlagabbildung: © Falko Siewert
Druck und Verarbeitung: Remaprint, Wien
ISBN 978-3-85452-986-6

Informationen über das aktuelle Programm
des Picus Verlags und Veranstaltungen unter
www.picus.at

Inhalt

Von einer die auszog, alleine zu reisen

Erster Teil: Von Teheran nach Isfahan

Endlich. Ich stehe in der gleißenden Mittagssonne am Busbahnhof von Isfahan und strecke mich. Sechs Stunden Fahrt durch die Wüste liegen hinter mir, ein monotones Geruckel durch eine sandige, heiße Mondlandschaft. Auf dem Boden stapeln sich meine Sachen. Reisetasche. Obsttüte. Mülltüte. Wasserflasche. Buch. Moment mal! Ich kicke leicht mit dem Fuß gegen das Gepäck. Taste an meine Schulter, normalerweise ist da ein Gurt, jetzt nichts. Ich fühle mich seltsam leicht. Kann das sein? Mein Gott. Der Rucksack! Er liegt noch im Bus, und der rollt gerade gemächlich auf die Autobahn zu. Ich sprinte los. Laufe so schnell ich kann dem Wagen hinterher. Das Kopftuch fliegt mir fast vom Haar, und ich bin schon kurz davor aufzugeben. Da nehme ich aus dem Augenwinkel einen Mann wahr. Er rennt an mir vorbei und brüllt irgendetwas auf Persisch. Ich verstehe kein Wort, aber der Busfahrer ist aufmerksam geworden und hält. Ich japse immer noch nach Luft, als ich das Fahrzeug erreiche und den Rucksack unter dem Sitz hervorkrame. Ein paar Fahrgäste applaudieren.

»Ahmed«, stellt sich draußen der fremde Mann vor und schiebt seine rote Schirmmütze in den Nacken. Schweiß perlt auf seiner Stirn. Ahmed ist ungefähr fünfzig Jahre alt, hat Oberarme dick wie Baumstämme. Unter seinem Poloshirt kräuseln sich graue Brusthaare. »Du bist heute mein Gast«, sagt er und strahlt über das ganze Gesicht.

In meinem Kopf gibt es zwei Länder, die den Namen Iran tragen. Das eine Land ist der terroristische Unruheherd auf der angeblichen Achse des Bösen. Es wird regiert von bärtigen Männern und einem Präsidenten, der die Opposition mit Schlagstöcken niederknüppeln lässt. Das andere Land ist der Ort, an dem ich mich gerade befinde. Nirgendwo sonst auf Reisen bin ich herzlicher empfangen worden als hier. Nirgendwo sind die Menschen hilfsbereiter. Die Aufmerksamkeit der Perser ist so allgegenwärtig, dass ich mich eigentlich danach gesehnt habe, mal wieder ein paar Tage für mich zu sein. Nur ich, ein Roman, ein Nachmittag im Grünen. Deshalb bin ich nach Isfahan gereist und möchte im Anschluss noch weiter in den Süden. Isfahan stelle ich mir vor wie den Wellness- und Spa-Bereich des Iran: Verwunschene Parks soll es geben und Tretboote in Form von Schwänen. Doch meine Hoffnung schwindet dahin. Ahmed, der Retter meines Rucksacks, hat mich unter seine Fittiche genommen. Er winkt ein Taxi heran, öffnet die Wagentür und nickt mit dem Kopf in Richtung Sitzpolster: Einsteigen, heißt das.

Natürlich hat mir meine Mutter beigebracht, dass ich nicht mit fremden Männern mitgehen darf. Schon gar nicht, wenn sie aussehen, als hätten sie die Privatnummer von Vitali Klitschko im Handy gespeichert. Doch inzwischen weiß ich, dass die persischen Männer wie Bärenmütter sind, aufopferungsvolle Beschützer. Außerdem ist es nahezu unmöglich, die Gastfreundschaft der

Iraner auszuschlagen. Sie lassen es einfach nicht zu. Wer es versucht, muss sich auf ein Pingpong-Match der Höflichkeiten gefasst machen: »Nein, danke, das kann ich nicht annehmen …« – »Aber doch, unbedingt!« – »Danke, wirklich nicht …« – »Keine Widerrede.« *Taroof* heißt dieses Ritual, das Iraner selbst beim Kauf eines Liters Milch praktizieren. Die einzige Regel dabei lautet: Jeder versucht, es dem anderen so recht wie möglich zu machen und ihn an Höflichkeit zu überbieten. Klingt nach einer Kommunikation voller Missverständnisse, und das ist sie auch. Sogar Iraner wissen oft nicht, welche Einladung von Herzen kommt und welche man unbedingt ausschlagen muss. Bei einem Abendessen haben die Gastgeberin und meine Begleitung so lange darum gestritten, wer sich zuerst Reis mit Spinat auf den Teller füllen darf, dass alles kalt war, als wir endlich essen konnten.

Vor drei Wochen bin ich im Iran gelandet. In Hamburg fielen schon rote und gelbe Blätter von den Bäumen, in Teheran konnte man immer noch die Grillen zirpen hören. Behrouz, ein Mann Mitte zwanzig, der deutsch spricht, holte mich vom Flughafen ab. Es sprudelte nur so aus ihm heraus. »Wie schön, dass wir uns endlich kennenlernen«, sagte er, auch seine Eltern seien schon ganz aufgeregt. Ich bin wegen Behrouz' Vater in die Islamische Republik gereist. Er ist ein Zauberer. Vor der Islamischen Revolution trat er in den kaiserlichen Palästen des Schahs auf und unterhielt Gäste aus der High Society mit kniffligen Taschenspielertricks. Ich wollte ihn unbedingt kennenlernen, ausgeschlafen und am nächsten Morgen. Aber als ich

Behrouz die Adresse meines Hotels nannte, sagte er: »Kommt nicht in Frage. Meine Mutter hat schon dein Bett bezogen« und drehte den persischen Pop im Autoradio lauter. Widerspruch zwecklos. Eine halbe Stunde später saß ich in einer winzigen Küche an einem Gasherd und aß Sesamkringel mit Orangenmarmelade. Der Magier trug einen Schlafanzug und eine Zipfelmütze auf dem Kopf. Er sah müde aus. Seine Frau hingegen fegte im Morgenmantel zwischen Kühlschrank und Tisch hin und her. Immer wenn ich mir den Bauch hielt und sagte, ich sei pappsatt, rollte sie besorgt mit den Augen und füllte weitere Köstlichkeiten auf meinen Teller: Oliven, Schafskäse, gebratenes Hühnchen, dann Kuchen mit safrangelber Glasur. Ein Schlaraffenland. »Iss, iss«, sagte der Zauberer und nahm selbst ein Stück dunkle Schokolade. Als die Morgensonne die Bergspitzen vor dem Fenster rosa färbte, zeigte Behrouz mir das Zimmer, in dem ich schlafen würde. Das geblümte Bettzeug duftete nach Zitrone, und auf dem Kissen lag ein Bonbon, das in knisterndes Zellophan verpackt war.

Behrouz wurde zu einer Art persönlichem Leibwächter von mir. Er war zuvorkommend wie ein Butler, überschwänglich wie ein Kind und fürsorglich wie ein Bruder. Ich brauchte nur eine winzige Bewegung mit dem Kopf zu machen, schon versuchte er, meine Gedanken zu erraten. War mir heiß, kalt, langweilig? Hatte ich Lust, in den Bergen Skilaufen zu gehen, oder wollte ich lieber einen Schluck Granatapfelsaft trinken? Nichts von alledem? Moment! Dann sicherlich eine Handvoll Pistazien oder zum Zelten ans Meer.

Schöner hätte ich mir meine Ankunft im Iran

nicht vorstellen können. Doch ich war in Robinson-Crusoe-Stimmung und wollte auch mal auf eigene Faust etwas entdecken. Also beschloss ich, mich alleine auf den Weg zu machen.

»Ich fahre nach Isfahan«, verkündete ich.

»Wann wollen wir los?«, fragte Behrouz.

Noch bevor das Höflichkeits-Match in die erste Runde ging, streckte ich die Waffen. Ich schwieg. Ich würde Behrouz niemals davon überzeugen können, mich alleine reisen zu lassen. Zumal Frauen ohne Begleitung in der Islamischen Republik so selten zu sehen sind wie Kaspische Tiger: fast nie. Also stopfte ich nachts ein frisches Set Kopftücher in meine Tasche. Außerdem Jeans und Minikleider, die nach der islamischen Kleiderordnung über die Hose gehören. Leise schloss ich die Tür. Es war mein Geburtstag, und die Sechs-Uhr-Morgensonne hing wie eine pinkfarbene Grapefruit im Wolkengrau. Am Busbahnhof löste ich ein Ticket ins vierhundert Kilometer entfernte Isfahan – für zwei Euro fünfzig. Das ist weniger als der Preis für eine Tasse Filterkaffee.

Eine Dreiviertelstunde später hatten wir Teheran immer noch nicht verlassen. Der Bus quälte sich durch den Stau. Die Vierzehn-Millionen-Einwohner-Metropole streckt ihre Highways wie verknöcherte Finger in die Kavir-Wüste. In iranischen Bussen sollen Frauen hinten sitzen, Männer vorne, so lautet die Vorschrift. Hier saß alles querbeet. Zwei Kaftanträger machten einer jungen Frau schöne Augen, ein Pärchen steckte die Köpfe hinter einer Tageszeitung zusammen. Am Innenspiegel baumelte als Maskottchen des Fahrers der Kopf einer Barbiepuppe. Er hüpfte im Takt der Radiomusik auf und ab. Eine Stimmung wie auf Klassenreise. Mirja, eine orientalische Schönheit mit mandelförmigen Augen und einem Lachen wie ein Glasperlenspiel, schmiss ihre Tasche unter meinen Nachbarsitz. Sie plapperte sofort los. Erzählte von ihrem Jurastudium und davon, dass sie in die Fußstapfen von Shirin Ebadi treten wollte. Die Friedensnobelpreisträgerin aus Teheran kämpft für die Rechte der Frauen in Iran. Dann zeigte mir Mirja Fotos auf ihrem Handy. Ich sah die tief verschleierte Oma. Der Großpapa mit Schirmmütze zog auf allen Bildern ein grimmiges Gesicht. Zwei kleine Kinder bauten eine Burg am Strand. Zu jeder Person erzählte Mirja Geschichten. »Komm mit! Ich stell dich allen vor!«, sagte sie, als wir hundertvierzig Kilometer weiter in der Stadt Qom ankamen. Sie wiederholte den Vorschlag fünfmal, wie eine geheime Beschwörungsformel, doch ich wollte weiter in die Oase Isfahan. »Dann aber auf dem Rückweg«, beharrte Mirja und kritzelte ihre Adresse auf einen Zettel.

»Isfahahaan!«, schrie der Busfahrer ein paar Stunden später. Rasch raffte ich meine Sachen zusammen, die Reisetasche, die Plastiktüten mit Obst und Müll, mein Buch. Den Rucksack vergaß ich unter dem Sitz.

Ahmed, der kräftige Sprinter, der mir geholfen hatte, den Rucksack wiederzubekommen, war ebenfalls im Bus von Teheran nach Isfahan. Jetzt sitzen wir zusammen in einem Taxi und fahren über eine schnurgerade Hauptstraße Richtung Zentrum. Er erinnert mich so stark an Flavio Briatore, den ehemaligen italienischen Formel-1-Teamchef, dass ich ihn für mich in Gedanken Mister Briatore taufte. Mister Briatore lebt halb in Kalifornien, halb im Iran. In Isfahan will er einen Kongress über Rumi besuchen, den persischen Mystiker des Mittelalters. »Wir werden in einem religiösen Zentrum übernachten«, sagt er plötzlich. Religiöses Zentrum? Mir schießen Bilder von einem Al-Qaida-Trainingslager durch den Kopf. Also starte ich einen weiteren Versuch, alleine in einem Hotel zu übernachten. Ich klappe meinen Reiseführer auf und zeige ihm eine Unterkunft, deren Namen ich mit Kugelschreiber umkringelt habe. Mister Briatore nimmt den »Lonely Planet«. Er blättert in ihm herum und entdeckt eine Abbildung der berühmten Lotfan-Moschee in Isfahan. »Die zeige ich dir später«, sagt er.

Ein riesiges schwarzes Banner mit persischen Schriftzeichen hängt über dem Eingang zu dem religiösen Zentrum. Ansonsten sieht das Gebäude aus wie die Häuser rechts und links daneben: grau, zweistöckig, unspektakulär. Drinnen aber stehen wir in einer Aula, die groß wie eine Turnhalle ist und ausgelegt mit Perserteppichen. Ein Mann schläft in einer Ecke des Gebetsraums. Es ist still. Die Schuhe habe ich am Eingang ausgezogen, doch das Kopftuch kann ich nicht abnehmen, denn Mister Briatore ist ein Fremder. So folge ich ihm auf Strümpfen in einen Korridor, den kaltes Neonlicht flutet. Zimmer zweigen vom Flur ab wie Waben in einem Bienenstock. Mister Briatore trägt meine Reisetasche in einen Raum ganz am Ende des Ganges. Es gibt kein Fenster, dafür ein schmales Bett und zwei Holzstühle. Auf einem Nachttisch liegt der Koran. »Das ist dein Zimmer«, sagt Mister Briatore und geht nach nebenan. Dort fällt Tageslicht durch ein winziges Fenster, dafür fehlen Möbel. Der Raum ist komplett leer bis auf einen Fernseher. »Ich schlafe auf dem Boden«, sagt Mister Briatore und macht ein paar Dehnübungen, die zeigen: Ich bin fünfzig Jahre alt und topfit. Ich protestiere. Ich gebe mir richtig Mühe und durchlaufe das komplette Match der Höflichkeiten mit dem Ziel, dass Mister Briatore im Bett schläft und ich auf dem Boden. Aber keine Chance, ich scheitere kläglich. Eine Viertelstunde später kommt eine Frau in weißem Schleier vorbei. Sie wirft ein gemustertes Wachstuch auf den Boden und breitet Essen aus, das sie aus einer Papiertüte zaubert. Sie hat Fladenbrot dabei und Hackspieße, lang wie Gladiatorenschwerter. Ich gebe meinen letzten Widerstand auf, Gast zu sein, und lasse es mir schmecken. Mister Briatore füllt *Dough* in Gläser, ein Joghurtgetränk mit Kohlensäure und Zitronengeschmack, und erzählt, dass das religiöse Zentrum allen Besuchern und Gästen offensteht. Es sei eine Art Kulturzentrum für Moslems, aber auch Christen oder Buddhisten seien herzlich willkommen. Ich atme auf. Zumindest hört es sich nicht so an, als wäre ich unter Terroristen.

Mister Briatore geht beten, ich erkunde zu Fuß die Stadt. »Welcome to Iran«, rufen drei Frauen im Vorbeigehen. »Willkommen in Isfahan«, sagt eine Mutter mit Kinderwagen und reicht mir ein paar Nüsse aus ihrer Hand. Überall in der Stadt grüßen mich Menschen. Manchmal bleiben sie stehen und umringen mich. Mehr noch als in der Großstadt

Teheran, wo ein schneller, harter Rhythmus das Leben bestimmt, nehmen sich die Menschen in Isfahan Zeit, Fremde zu begrüßen. Sie fragen, aus welchem Land ich komme und wie es mir geht. Dann nicken sie und stieben wieder auseinander. Isfahan ist das Mekka der wenigen Touristen, die in den Iran fahren. Doch die meisten Ausländer bewegen sich im Schutz einer Gruppe durch Paläste, Moscheen, Gärten. Anschließend fahren sie weiter zur nächsten Sehenswürdigkeit. »Erzähl allen Deutschen, dass im Iran keine Terroristen leben«, fordert mich ein Junge in Schuluniform auf, der im Schritttempo neben mir her radelt. Klar, mache ich.

Der Meidan-e Emam Platz aus dem 17. Jahrhundert ist ein Traum aus Tausendundeiner Nacht. Doppelstöckige Arkaden säumen ihn. Zwei Moscheen ertrinken in türkisfarben gekachelter Pracht. Im Zentrum der Anlage plätschert ein riesiger Springbrunnen, und auf einem kurz geschorenen Rasen picknicken Familien im Abendblau. Ein Spätnachmittag auf einer italienischen Piazza könnte nicht entspannter sein. Ich spaziere durch die Arkadengänge und entdecke irgendwo, versteckt zwischen Souvenirläden und Teestuben, eine kleine Konditorei. In ihrer Auslage thront eine Etagere. Sie biegt sich fast unter barock verzierten Petit Fours, Schokoladentalern und Windbeuteln. Da kann ich nicht widerstehen. Die Ladenglocke bimmelt leise beim Eintreten. Hinter der Vitrine wartet der Patissier auf Kundschaft. Er ist ein fülliger Mann mit grauen unordentlichen Haaren. Eine Schürze spannt über seinem Bauch. Als ich auf einen Berg von Kokosmakronen zeige und fünf Finger in die

Höhe halte, kräuselt sich seine Stirn. Dann lacht er, schüttelt den Kopf und kramt unter dem Tisch Pappkartons in unterschiedlicher Größe hervor: Ein Kilo, zwei Kilo oder drei Kilo Gebäck passen hinein. Die Iraner kaufen keine Häppchen, sondern gleich die XXL-Familienpackung. Ich nehme die kleinste Box und von allem etwas. Außerdem bekomme ich ein schokoladiges Etwas über die Theke gereicht. »Wegproviant«, sagt der Konditor. Mit meinen süßen Schätzen verlasse ich den Laden und fühle mich wie eine Pippi Langstrumpf im Orient.

»Sind Sie fremd in der Stadt?«, spricht mich vor der Konditorei ein Herr auf Deutsch an. Er hat ein freundliches, sonnengebräuntes Gesicht, das an die Schale einer Walnuss erinnert. Auf dem Kopf trägt er einen Dandy-Hut aus weißem Stroh. Sein Anzug mit Weste sitzt tadellos. »Wenn Sie erlauben, zeige ich Ihnen den Basar«, sagt er und verbeugt sich leicht. Der Mann heißt Reza und hat früher an einer Schule Deutsch unterrichtet. Ich folge ihm durch das dunkle Gassengewirr des Basars in kleine Shops von Brokatwebern und Schmuckverkäufern. Er führt mich zu Handwerkern, die mit riesengroßen Händen zierliche Ornamente in Metall ziselieren. Bei einem Teppichhändler nehmen wir Platz auf niedrigen Hockern. Vor unseren Augen werden immer neue Läufer ausgebreitet, Knüpfwerk aus Seide in Kobaltblau, Bordeauxrot und Moosgrün. Die Farben und Stoffe wachsen in die Höhe wie das Matratzenlager der Prinzessin auf der Erbse. Der Sohn des Besitzers reicht uns Tee mit getrockneten Aprikosen. Süß und saftig schmecken sie, nach Urlaub im Süden. Ich habe kein Geld für Teppiche, wohl aber für den Tee. Doch als ich zahlen möchte, winkt der Händler ab: Das geht aufs Haus, ich bin eingeladen, ist doch selbstverständlich. Ich schäme mich ein bisschen. Gerade hat sich in meinem Kopfkino eine Szene abgespielt, in der Reza ein Lockvogel ist, der Touristen an die iranische Teppichmafia ausliefert. Aber jede Angst davor, übers Ohr gehauen zu werden, ist nur ein Vorurteil, das ich von anderen Reisen mitgebracht habe. Auf dem Basar von Neu-Delhi oder dem Souk in Istanbul wappnen sich Touristen mit maskenhaften Gesichtern für den Nahkampf mit Händlern. Zu Recht, denn die Shopbesitzer lassen erst von ihnen ab, wenn sie ihnen ein gefaktes Dolce-und-Gabbana-Shirt oder ein Kitschplakat vom Letzten Abendmahl verkauft haben. Anders im Iran. Niemand wird zudringlich, niemand erwartet eine Gegenleistung.

Auch Mister Briatore ist einfach nur gastfreundlich. Er stellt mir ein paar Tage ein Bett in Isfahan zur Verfügung und besteht hartnäckig darauf, auf dem Boden zu schlafen. Nach drei Tagen in Isfahan aber drängt es mich weiter. Ich ziehe wieder aus, um alleine zu reisen.

Von einer die auszog, alleine zu reisen

Zweiter Teil: Yazd, Meybod und Qom

Yazd ist eine Oase zwischen der Salzwüste Kavir und der Sandwüste Lut. Der Innenhof meines Hotels könnte einer Badehausszene von einem Delacroix-Gemälde entsprungen sein. Halb sitze ich, halb liege ich auf einem *Diwan*, der mit Teppichen und Kissen weich gepolstert ist. Ich blicke auf ein türkisfarben angestrichenes Wasserbecken, um das herum Oleander wächst. Orangen und Zitronen blühen satt und grün. Weit oben spannt sich das Himmelsblau als Baldachin zwischen dicken brüchigen Lehmmauern. Es ist still. Nur aus der Küche dringt Geklapper von Kochtöpfen, wie aus einer fernen Welt. Es duftet nach gebratenem Fleisch und Kräutern. Auf einem der Bettsofas sitzt ein Mann mit traurigem Gesicht. Seine Hände sind gefaltet, der Blick geht ins Leere. Am Abend ist er immer noch dort. »Darf ich neben Ihnen Platz nehmen?«, frage ich. Der Mann nickt und stellt sich vor: Er heißt Jafar, ist neunundvierzig Jahre alt und stammt aus Yazd. Er ist ausgewandert, als Ayatollah Khomeini den Schah vertrieben und die Islamische Republik ausgerufen hat. Jafar wollte nichts mit den Mullahs zu tun haben, sie waren ihm suspekt. Inzwischen lebt er in San Antonio, der zweitgrößten Stadt im Bundesstaat Texas, er hat Mexikaner, Spanier, Deutsche und Engländer als Nachbarn. Jafar zieht sein Portemonnaie aus der Hosentasche und zeigt Passfotos von seiner Frau und den beiden Kindern. Außerdem hat er ein kleines Bild von einer Pizzeria dabei, die er zusammen mit einem Freund betreibt. Eine richtige Taverne mit rot-weiß karierten Decken und Rotwein in Korbflaschen muss es sein. Nichts in dem Restaurant erinnert an eine persische Herkunft. Jetzt ist Jafar in den Iran gereist, um das Land seiner Kindheit zu sehen. Er kennt niemanden mehr. Seine Eltern sind lange tot, und der Bruder lebt ebenfalls im Exil. Freunde von früher hat Jafar nicht. Wenn Jafar spricht, bildet sich ein kleines Dreieck zwischen seinen Augenbrauen. Er ist in der Altstadt von Yazd aufgewachsen, ganz in der Nähe der Jameh-Moschee, nur einen Steinwurf vom Hotel entfernt, erzählt er. Das Haus steht immer noch. Inzwischen lebt dort ein altes Ehepaar, doch die Fensterläden waren zugeklappt. »Da war nichts als feiner gelber Sand, der durch eine Gasse geweht ist«, sagt Jafar und sieht so unglücklich aus, dass man sich das Gefühl von Fremde und Einsamkeit vorstellen kann, das ihn überkommen haben muss. »Eigentlich wollte ich zwei Wochen bleiben. Jetzt bin ich erst drei Tage hier und will einfach nur zurück nach San Antonio«, sagt er nachdenklich in breitem Cowboy-Amerikanisch fast ohne Akzent. Am nächsten Morgen ist Jafar fort. Er ist mit dem ersten Bus nach Teheran gereist, sagt der Hotelbesitzer, als ich ihn frage. Jafar ist einer von zweieinhalb Millionen Iranern, die kurz nach der Revolution von 1979 die Heimat verlassen haben. Sie haben sich im Westen ein neues Leben aufgebaut und fühlen sich inzwischen fremd im Gottesstaat.

Am Frühstückstisch setzt sich ein Hugh-Grant-Verschnitt zu mir und nestelt an seiner Spiegelreflexkamera herum. Er ist groß und schlank, und um seine Augen strahlen Lächelfältchen. Brendan kommt aus Melbourne. Er hat im Nachbarland Katar als Fotograf gearbeitet und lässt sich nun durch den Iran treiben, er war bereits in Schiraz und Isfahan. Morgen will er von Yazd nach Meybod fahren. Meybod ist ein winziges Dorf ganz in der Nähe. Seine einzige Sehenswürdigkeit ist laut dem Reiseführer eine Voliere voller Tauben. Außerdem findet hier das Mud-Brick-Festival statt, bei dem angehende Architekten aus dem für die Region typischen Baustoff Lehm Zitadellen und Paläste in Miniaturformat errichten. Ein Student hat Brendan spontan nach Meybod eingeladen. Brendan erging es auf seiner Reise ähnlich wie mir: Jeder hat sich um ihn bemüht, jeder war freundlich. »Komm doch mit!«, sagt Brendan, schon ganz ein Perser. Ich überlege nicht lange und bin dabei. Langsam verstehe ich, dass man im Iran genauso wie in Thailand oder Indien Urlaub machen kann. Man muss sich nur treiben lassen und das westliche, individualistische Bedürfnis nach Einsamkeit ablegen.

In unser Gespräch dringt der Ruf des Muezzins. Ein dunkler, sehnsuchtsvoller Gesang, der die Gläubigen ans Gebet erinnert. Über eine steile Treppe geht es hinauf zum Flachdach des Hotels. Die Luft ist kühl und frisch, der Ausblick atemberaubend. Yazd liegt in einem flachen Tal auf tausenddreihundert Metern Höhe inmitten einer sandigen Kraterlandschaft. Das Rosa der untergehenden Sonne verfängt sich am Horizont in zerklüfteten Bergspitzen. Wegen des heißen Wüstenklimas sind viele Werkstätten der traditionellen Seiden- und Brokathersteller in Yazd unterirdisch angelegt. Die höchste Erhebung der mittelalterlichen Stadt ist das Amir Chaqmaq. Die dreistöckige Märchenpforte zu einer Moschee mit zwei Minaretten ist tausendfach auf Postkarten abgebildet. Statt Fernsehtürmen ragen Windtürme in den Himmel. Die sogenannten »Baghire« fangen den Wind aus den Bergen ein und leiten ihn über Kanäle in die Häuser aus Lehmziegel. Sogar während der Mittagshitze halten die ältesten Klimaanlagen der Welt die Gebäude in Yazd kühl.

Abends kriecht die Kälte unter eine Zwiebelschicht aus Jacken und Pullis. Auf den Diwanen im Innenhof lagern Backpacker und unterhalten sich leise. Brendan und ich teilen uns eines der Bettsofas. Vor uns stehen Messingschalen mit Spezialitäten aus Yazd: Kamelfleisch mit Sellerie und Minze in Joghurt. Irgendwann, als die Teegläser die eisigen Finger nicht mehr wärmen, schlägt Brendan vor, den Ort zu wechseln und in seinem Zimmer weiterzureden. Dort steht eine Heizung. Bislang war mir das Kopftuch egal. Ich habe es hingenommen als notwendiges Übel. Ein Stofffetzen, der iranische Frauen unterdrückt, aber nicht mich, eine Touristin aus dem Westen, die es zu Hause wieder ablegt. Jetzt bestellt Brendan frischen Tee in der Küche, und ich stehe alleine in seinem Zimmer vor einem Wandspiegel. Löse den Knoten unter meinem Kinn und zögere. Kann ich das Kopftuch wirklich ausziehen? Vor einem Fremden, dem ich aufs Zimmer gefolgt bin? Mir kommt es plötzlich vor, als wäre ich danach nackt. Ich denke an ein schiefes Haus in Yazd. Am Eingang hängen zwei Türklopfer. Einer ist schwer und aus massivem

Eisen, der andere zierlich und in Herzform gearbeitet. Ein Männerklopfer, ein Frauenklopfer. Am unterschiedlichen Klang auf dem Holz erkannten die Frauen des alten Persiens, ob der Besucher ein Herr war. Das war das Signal, schnell in den *Tschador*, ein schwarzes Zelt aus Stoff, zu schlüpfen. Die Türklopfer sind inzwischen Vergangenheit, doch noch immer bestehen Frauen in der iranischen Öffentlichkeit nur aus Augen, Nase, Händen und Mund. Für mich ist der islamische Dresscode vor allem lästig. In der Wüste werde ich darin zu einem Tümpel auf Beinen. Mein Zaudern, das Kopftuch abzulegen und mich aus dem obligatorischen Mantel zu schälen, wundert mich deshalb. Was hat der Gottesstaat mit mir angestellt, dass ich mich plötzlich frage, ob ich meine Haare zeigen kann? Außerhalb des Iran wäre ich Brendan vielleicht irgendwo am Strand begegnet, ich im Bikini, er in Boxershorts.

Hundertzwanzig, hundertvierzig, hundertsechzig Stundenkilometer. Der Tacho klettert höher und höher, das Taxi droht auseinanderzufliegen. Der Fahrer drückt immer weiter aufs Gas. Dazu hört er »Bauchtanz meets Ballermann« und singt laut mit. Im Iran hatte ich oft Angst als Fußgängerin. Eine Straße in Teheran zu überqueren ist genauso lebensmüde, wie sich vor einen Zug zu schmeißen, so zumindest kommt es mir vor. Jetzt bricht mir der Schweiß auf der Rückbank eines Autos aus. Brendan und ich sind auf dem Weg nach Meybod zum Mud-Brick-Festival, zweiundfünfzig Kilometer von Yazd entfernt. Wir sind mit Fardin verabredet, Brendans Reisebekanntschaft. Ein paar gefühlte Tode später spuckt uns der Wagen an einer staubigen Straße aus. Irgendwo im Nirgendwo, noch heißer ist es hier als in Yazd. »Meybod«, sagt der Taxifahrer und kassiert ein Bündel Geldscheine, das ungefähr drei Euro wert ist. Wir blicken uns um: Eine ockerfarbene Zitadelle überragt einen staubigen Platz. Dort geht es zu wie auf einer riesigen Baustelle. Hunderte Hände sind verschmiert von Lehm. Sie stapeln Ziegel auf Ziegel und errichten Mauern, Rundbögen, Arkaden. Die Bauwerke sind zur Hälfte fertiggestellt und in etwa hüft- bis schulterhoch. Das Miniaturland der Lehmarchitektur setzt den Baumeistern der Wüste ein Denkmal. Vor mehr als achtzehntausend Jahren erschufen sie Dörfer, Städte und Paläste aus Stroh, Erde und Wasser. Die wohl bekanntesten Gebäude sind die Zitadelle im iranischen Bam, die bei einem Erdbeben 2003 eingestürzt ist, und die große Moschee von Djenné in Mali.

Aus einer der vierzig Gruppen, die am Mud-Brick-Festival teilnehmen, löst sich ein Mann. Er ist ungefähr Mitte zwanzig und kommt auf uns zu. Sein gestreiftes Hemd weht offen über einem Rippenunterhemd. Die Hose ist hochgekrempelt, und die nackten Füße sind verkrustet von Lehm. Er lacht und umarmt Brendan, mir nickt er zu. Fardin studiert Politik und kommt ursprünglich aus Schiraz, der Stadt der Rosen und Nachtigallen im Süden des Landes. In Meybod besucht er Freunde und hat sich kurzerhand entschlossen, an dem Wettbewerb teilzunehmen. Er führt uns zu seiner Truppe. Sie arbeitet seit gestern an einer Art Arche Noah, ein Schiff mit Mast und Kajüte. Wie sie auf das biblische Motiv gekommen sind, kann Fardin nicht sagen. Doch es gibt eine Taube in einem Käfig, die genau wie Noahs Vogel später in die Luft fliegen soll. Brendan und ich schlendern über den Platz. Wir lassen uns das architektonische Geheimnis von Rundbögen erklären und die Kunst, aus Quadern eine Kuppel zu formen.

Als die Sonne hinter der Zitadelle untergeht, ist das Mud-Brick-Festival vorbei. Der Sieger wird in den nächsten Tagen von einer Jury bestimmt und gekürt werden.

Wir steigen in einen Bus, der in die Innenstadt fährt. Er ist rappelvoll mit Festivalteilnehmern und bebt wie eine Hamburger U-Bahn nach einem Fußballspiel des FC St. Pauli, wenn alle Fans auf Kommando gleichzeitig in die Luft springen. Ich stehe eingequetscht zwischen Menschen im Freudentaumel. Mittendrin ist Fardins Mannschaft. Fardin spielt über seinem Kopf auf einer Laute, ein Mann mit Cowboyhut schlägt ein Tamburin, alle singen ohrenbetäubend laut. So erreichen wir das Zentrum von Meybod. Wir werden bei Nouri übernachten. Er ist der Freund eines Freundes eines Bekannten der Schwester seines Bruders, sagt Fardin. Auf jeden Fall seien wir herzlich willkommen.

Nouri steht am Straßenrand unter dem milchigen Schein einer Laterne. Die Hände hat er in den Taschen seiner Jeans vergraben. Als erstes fällt auf, dass mitten im Gesicht ein weißes Pflaster prangt. Nouri hat sich offensichtlich eine neue Nase verpassen lassen. In Teheran sind an jeder Straßenecke Frauen zu sehen, die den postchirurgischen Verband wie die neueste Handtaschenkreation von Gucci tragen. Dass sich auch Männer dem westlichen Schönheitsideal mit kleiner gerader Nase unterwerfen, ist mir neu. Nouri nimmt mein Gepäck und führt uns zu seinem Appartement. Er lebt in einer verlassenen Wohnstraße, die für ihn Freiheit bedeutet. Denn im Gegensatz zu den meisten Iranern, die das Haus der Eltern erst nach der Hochzeit verlassen, hat Nouri schon als Student eine eigene Bleibe. In seiner Zweizimmerwohnung ersetzt der Schmutzfilm auf den Fensterscheiben eine Gardine. Abwasch stapelt sich in der Spüle, und in den Ecken des Raumes türmen sich Bücherstapel. Möbel gibt es nicht, nur eine Matratze liegt auf dem Boden.

Aus einer Vorratskammer holt Nouri Dosen hervor. Dosen mit Thunfisch, Kidneybohnen und Mais. Er breitet die Lebensmittel auf einem Tuch aus, und wir essen den Konserveninhalt mit Fladen aus Teig. Es schmeckt scheußlich, doch die Stimmung ist gut. Als wir fertig sind, zieht Fardin ein dickes Buch aus seinem Rucksack und hält es lachend in die Höhe: ein Gedichtband von Hafez. Hafez ist der Dichterfürst der Perser aus dem 14. Jahrhundert. Kleine Mädchen verkaufen pastellfarbene Briefumschläge mit seinen Gedichten, und Taxifahrer rezitieren seine Worte. Die Iraner befragen ihn in allen möglichen Lebenslagen als Orakel. Fardin lässt die Finger über die Seiten des geschlossenen Buches gleiten. Er stoppt, als Brendan »Jetzt!« sagt. Fardin öffnet das Buch und liest vor: »Im Leben gibt es ein oder zwei Momente, in denen es möglich ist, sich zu begegnen. Lass uns zusammen sein in diesem Augenblick.«

Auf dem Rückweg mache ich zwei Busstunden vor Teheran einen Zwischenstopp in Qom. Die zweitheiligste Stadt des Landes ist eine Hochburg radikaler schiitischer Theologen. Westlich eingestellte Iraner machen um den Ort einen Bogen, denn Qom ist Mullah-Stadt. Ayatollah Khomeini hat hier studiert, und wer es in der Islamischen Republik zu etwas bringen will, geht auf eine der hiesigen Theologieschulen.

Ich bin in Qom mit Behrouz verabredet, dem Sohn des Zauberers, der bereits in Teheran mein treuer Reiseführer war. Wir besuchen Frau Hossein und ihre beiden erwachsenen Kinder, mit denen Behrouz über mehrere Ecken verwandt ist.

Amir Hossein holt uns am Busbahnhof ab. Wir quetschen uns zu dritt auf den Sitz seines zerbeulten Motorrollers und fahren damit über die Schnellstraße ins Zentrum. Ich kreische jedes Mal wie auf einer Achterbahn, wenn wir einem anderen Auto den Weg abschneiden oder fast einen Laster schrammen, also alle zwei Minuten. Die Moschee der Fatima liegt in der Altstadt auf einem weiten Platz direkt neben dem Basar. Ihre Kuppel leuchtet heute golden in einem taubengrauen Himmel. Es ist dieses Mausoleum, dem Qom seinen Ruf als heilige Stadt verdankt. Tausende Pilger besuchen jeden Tag das Grab der Fatima, der Schwester des achten Imam Reza, die 816 gestorben ist. Nicht-Muslime dürfen das Mausoleum nicht betreten. Ich habe es bei meinem letzten Besuch in Qom trotzdem versucht und war drinnen. Die Frau des Zauberers hatte mir ihren *Tschador* geliehen und mir gezeigt, wie ich die Stoffbahnen so bändige und unter dem Kinn zusammenhalte, dass keine Haarsträhne herauslugt. In dieser Aufmachung konnte ich mich unter die Gläubigen mischen und bis zum Schrein der Fatima vordringen. Das Heiligtum umgibt ein Gitter, das blank gescheuert ist von den Küssen der Frauen. Trotz meines Zeltes aus schwarzem Nylon erkannte mich irgendwann ein Wächter als Europäerin und vertrieb mich aus dem Grabmal. Der Aufpasser hatte einen Staubwedel in grellen Regenbogenfarben in der Hand, ein Putzaccessoire, das er trug wie ein König sein Zepter. Damit sorgte er für Ordnung, wenn sich irgendwo ein Stau gebildet hatte oder er einen ungebetenen Gast im Heiligtum entdeckte. »No muslim, go, go«, sagte der Wächter zu mir und wies mir mit dem Staubwedel den Weg nach draußen.

Familie Hossein, bei der wir zu Gast sind, lebt in einer krummen Gasse in der Nähe des Zentrums. Als wir den Motorroller vor der Tür abstellen, stürmt Frau Hossein aus dem Bungalow und küsst mich stürmisch auf die Wangen. Hinter ihr steht Shanaz, eine einundzwanzigjährige Studentin mit mädchenhaften Gesichtszügen. Beide Frauen verhüllt ein schwarzer Schleier. Außerdem ist Herr Naferi zu Besuch, ein Professor der Koranschule. Unter einem Dozenten von der theologischen Fakultät stellte ich mir einen Gelehrten vor. Einen Mann mit Prophetenbart, Turban und Umhang. Anders Herr Naferi. Er trägt einen grauen Anzug, mit dem er auch in einem Pariser Café eine gute Figur abgeben würde. Er sitzt im Wohnzimmer auf dem Teppich und steht auf, als wir den Raum betreten. Er umarmt Behrouz und Amir Hossein, mir nickt er freundlich zu. Während die Männer plaudern, huschen wir Frauen ins andere Zimmer, weil im Iran die Geschlechtertrennung für unverheiratete Männer und Frauen außerhalb der Familie gilt. Die Hosseins sind streng traditionell und halten sich im Gegensatz zu vielen westlich eingestellten Iranern an diese Regel. Es gibt nur ein Problem. Frau Hossein und Shanaz sprechen kaum Englisch, ich kaum Persisch. Behrouz, der Großcousin, der übersetzen könnte, ist im anderen Zimmer. Also verständigen wir uns mit Händen und Füßen. Frau Hossein fächert sich mit einem Zipfel des *Tschadors* Luft zu. Ein schrecklich heißer Tag, sagt ihre Geste. Shanaz holt ein Fotoalbum aus einem Regal und zeigt Familienbilder. Auf einer Aufnahme lacht sie in die Kamera, ihr langes braunes Haar fällt über die Schultern. Sie ist ein Teenager auf dem Bild, wie er überall auf der Welt leben könnte. Ich überreiche Pralinen, die ich in Isfahan gekauft habe. Frau Hossein umarmt mich wieder, das wäre doch nicht nötig gewesen!

Eine Dreiviertelstunde vergeht. Wir haben uns Fotos angeguckt und von der Schokolade probiert. Nun schauen wir uns im Zimmer um und suchen nach weiteren Gesprächsthemen. Wir finden nichts. Der Raum ist fast unmöbliert. Nur ein paar Plastikblumen sprießen aus einer Vase im Regal. Ich bewundere sie, Daumen hoch. Nach einer Weile kommt Behrouz herein. »Herr Naferi möchte sich mit dir unterhalten. Er hat extra eine Videokamera dabei«, sagt er und übersetzt für Frau Hossein und Shanaz. Frau Hossein seufzt. Sie reckt die Hände zum Himmel und fleht um Hilfe. Was ist mit der Geschlechtertrennung? Wir machen eine Ausnahme, beschließt Mama Hossein dann. Sie treibt Shanaz und mich ins Nebenzimmer. Dort nehmen wir im Kreis der Männer auf dem Boden

Platz. Frau Hossein verschwindet in der winzigen Küche und kommt mit einem Teller voller Bananen und Äpfel zurück. »Sie haben doch nichts dagegen, wenn ich Sie filme«, fragt Herr Naferi. Das Objektiv der Kamera hält er bereits auf mich gerichtet. Dann erhebt er seine Stimme, der anzuhören ist, dass sie oft vor Menschen doziert. Er sei glücklich, mich kennenzulernen, und *Inschallah*, so Gott will, unterhalten wir uns nun über Religion. Das Video wird er später seinen Studenten zeigen. Mein Haar klebt bereits unter dem Tuch am Kopf, jetzt wird mir noch heißer. Auf dem theologischen Parkett bin ich nicht besonders fit. Behrouz, der übersetzt, blickt mitfühlend. »Am besten du antwortest kurz und fängst dann selber an, Fragen zu stellen«, sagt er. Er spricht Deutsch, damit nur wir beide es verstehen.

»Wie kann man die Existenz Gottes beweisen?«, fragt Herr Naferi.

»Es gibt keine Beweise, Gott ist Glaubenssache«, antworte ich.

Herr Naferi wartet, bis Behrouz meine Antwort übersetzt hat. Dann legt er die Stirn in Falten. Frau Hossein schüttelt betrübt den Kopf. Jetzt fällt es mir wieder ein. Der Islam geht, genau wie das Christentum im Mittelalter, davon aus, dass sich Gottes Existenz naturwissenschaftlich beweisen lässt. Ehe ich Herrn Naferi mit einer Gegenfrage ausbremsen kann, holt er zu einem Monolog zu diesem Thema aus. Beim Reden schwenkt er die Kamera abwechselnd von meinem Gesicht auf sich selbst. Plötzlich erklingt der Ruf des Muezzins als Handyton. Ohne seine Rede zu unterbrechen, holt Herr Naferi sein Telefon aus der Hosentasche.

Er macht eine entschuldigende Geste und hebt ab. »Salaam?« Schweigend hört er zu. Dann zieht er eine Gebetskette aus seinem Sakko. Die Schnur gleitet durch seine Finger. Klack-Klack, stoßen die Perlen aneinander. Nach einer Weile hält Herr Naferi inne. Mit sanfter Stimme murmelt er beruhigende Worte. Frau Hossein führt ergriffen die Hand zum Herzen. »Herr Naferi arbeitet als Orakel. Wenn Leute aus Qom Probleme haben, rufen sie ihn an. Gerade berät er eine Frau, die Ärger mit ihrem Mann hat«, flüstert mir Behrouz ins Ohr. Nach ungefähr fünf Minuten beendet Herr Naferi das Gespräch. »Pardon«, bittet er nochmals um Verzeihung, nimmt seine Aktentasche und kramt Broschüren hervor. Er reicht mir ein dünnes Heft. Es handelt vom schiitischen Islam und ist auf Deutsch verfasst.

Nächste Frage: »Glaubst du an Gott?«

Behrouz übersetzt. Auf Deutsch fügt er hinzu: »Sag ja, sonst sitzen wir morgen noch hier.«

Ein paar Stunden später verabschieden wir uns von den Hosseins und Herrn Naferi. »Kommt wieder«, sagt Frau Hossein und gibt uns eine Tüte Proviant auf den Weg.

Am nächsten Morgen habe ich mich in Teheran mit dem Australier Brendan verabredet. Brendan wird in den nächsten Tagen ans Kaspische Meer fahren, meine Reise in den Iran ist fast vorüber. Wir spazieren durch das Zentrum von Teheran und landen bei der ehemaligen Botschaft der Amerikaner, die kurz nach der Revolution und einem Geiseldrama geschlossen wurde. Das Gebäude umgibt eine Mauer. »Down with the USA« – »Nieder mit den USA« steht darauf, die Flagge mit den

Stars and Stripes ziert eine Freiheitsstatue mit To-
tenkopf, und eine gemalte Pistole zeigt auf Pas-
santen. Bilder fürs Fotoalbum darf man hier nicht
schießen, trotzdem versuchen wir es. Sofort ist ein
Sittenwächter zur Stelle. Er lässt sich die Aufnahmen zeigen. Wieder und wieder fragt er, wo wir
herkommen, was wir im Iran machen.

Bis jetzt war der Iran ein orientalisches Bilder-
buch mit überschwänglichen Menschen, gutem
Essen, entspannten Parks und Gärten. Ein perfek-
tes Urlaubsland. Aber natürlich gibt es auch die
dunkle Seite des Gottesstaats, die den Iran nicht
nur wegen seines Atomprogramms immer wieder
in die Schlagzeilen ausländischer Medien bringt.
Der Sittenwächter lässt sich alle Fotos auf der Digitalkamera zeigen. Er sieht das Mud-Brick-Festival
in Meybod. Die Oase Yazd. Isfahan, da ist er ge-
boren. »Wunderschön«, sagt er und lacht. Dann
lässt er uns gehen. »You are welcome – herzlich
Willkommen«, ruft er uns hinterher.

In der Hand der Sittenwächter

Der Zauberer von Teheran und seine Tochter

Das Schloss zum Lederkoffer springt mit einem Klacken auf. Dann blickt Laila auf ihre Kindheit im Iran: dutzende Fotos, die sie vor dreißig Jahren das letzte Mal anschauen konnte. Neben Laila sitzt Farid, ihr Vater, in seiner Wohnung im Norden Teherans auf einem Perserteppich. Seine Hände zappeln hin und her, zupfen hier und da im Bilderberg. Er konnte seine Finger noch nie stillhalten. Der neunundsiebzig Jahre alte Mann fischt eine Schwarz-Weiß-Aufnahme mit gezackter, vergilbter Umrahmung aus dem Koffer. »Das bist du«, sagt er und zeigt seiner Tochter auf einem Familienfoto ein neunjähriges Mädchen in weißem Spitzenkleid und mit Schleife im Haar.

Neben Laila steht der Sohn des Schahs von Persien, Prinz Ali Reza Pahlavi, auch er damals neun Jahre alt. Lailas Vater trägt einen Smoking und hat seine Haare nach hinten pomadiert. Er breitet die Arme aus und legt sie um die Kinder. »Damals bin ich beim Geburtstag des Prinzen aufgetreten«, sagt Farid und lacht über das ganze Gesicht.

Farid ist ein Zauberer. Manche nennen ihn den Houdini des Nahen Ostens. Vor der Islamischen Revolution trat er vor dem Schah auf. Er zauberte vor Botschaftern, Diplomaten und im iranischen Fernsehen. Laila war oft dabei. Sie begleitete ihren Vater an den kaiserlichen Hof und zu Auftritten nach Bahrain, Saudi-Arabien und nach Deutschland. Laila blickt auf das Foto, das ihre Vergangenheit zeigt. Es ist schwer, sich zurückzuerinnern, sagt sie. Gegenwart, Zukunft und Zuhause, das ist für sie inzwischen Deutschland. Dort, wo sie seit fast dreißig Jahren mit ihrem Mann und drei Kindern lebt.

»Ich zaubere jetzt, so wie früher. Lade die Nachbarn ein!«, ruft Farid seiner Tochter zu und humpelt ins Schlafzimmer. Er öffnet einen Schrank, der hinter einer weiß bemalten Holztür in die Wand eingelassen ist. Staubige Kartenspiele, Plastikrosen, Würfel und bunte Tücher liegen auf schiefen Regalbrettern. Farid hat sie lange nicht mehr angerührt. Gleich wird er seine Schätze aus ihrem Dornröschenschlaf erwecken.

Wenig später haben sich nebenan im Wohnzimmer die Nachbarn versammelt. Der Magier betritt den Raum. Es ist so still, dass man das Ticken seiner Schweizer Goldarmbanduhr hören kann. Farid trägt einen abgewetzten Anzug, der immer noch an die Pracht der Pahlavi-Dynastie erinnert. Damals saßen Könige und Prinzen vor dem Zauberer. Kristallspiegel glitzerten an den Wänden, und Luftballons schwebten durch den Saal. Nun dient ihm ein kleines Wohnzimmer mit zugezogenen Vorhängen als Bühne. Der Auftritt lässt den Zauberer die Arthrose vergessen, die seinen Rücken krümmt. Er hält eine Schnur mit grünen und gelben Plastikperlen in die Höhe. Laila nimmt eine Schere und durchschneidet die Kette, bis nur noch lose Kugeln übrig sind. Der Zauberer legt sie vorsichtig in eine durchsichtige Glasvase. »Shando! Mando!«, ruft er und breitet die Arme aus, wie eine Krähe die Flügel spreizt. »Shando! Mando! Bamboo!«, ruft er wieder und feuert mit einem Spielzeugrevolver in die Luft. Dann fingert der Zauberer mit zitternden Händen eine Kette aus der Vase. Sie ist intakt, als hätte es nie eine Schere gegeben. Alle applaudieren.

Applaus hat Farid lange nicht mehr gehört. »Einmal habe ich für die Mullahs gezaubert. Da durfte nicht geklatscht werden«, erzählt er. »Stattdessen riefen die Zuschauer: Allahu Akbar!« Wie war es für ihn, als Khomeini 1979 die Macht im Iran ergriff? Als Glücksspiele und »westliches« Amüsement verboten wurden? Der Gottesstaat raubte dem Magier die Bühne und seine Tochter, die ins Exil nach Deutschland flüchtete. Wenn man Farid nach seiner Vergangenheit fragt, schweigt er. Er mischt die Spielkarten und zaubert ein Pikass aus dem Jackenärmel. Gefühle in Worte zu fassen war nie seine Stärke. Es war die Magie seiner Hände, die Könige und Sultane verzauberte.

Am nächsten Tag strahlt der Himmel über Teheran blau wie Vergissmeinnicht. Nach dem Frühstück bestellen Laila und Farid ein Taxi, das sie in den Nordosten der Stadt bringt. Sie wollen den Ort besichtigen, der auf dem Familienfoto zu sehen ist: die kaiserlichen Paläste im Niavaran-Park, die ehemalige Sommerfrische des Schahs. Über den Highways flimmert die Luft. »Da vorne stand unser altes Haus, mit zwei Stockwerken und Rosen im Garten«, sagt Laila und deutet aus dem Fenster. Teheran ist in den letzten Jahren enorm gewachsen, vierzehn Millionen Menschen leben inzwischen in der Hauptstadt. Das Teheran aus Lailas Kindheit existiert schon lange nicht mehr.

Aber sie erkennt auch vertraute Bilder wieder, den chaotischen Verkehr, das wilde Hupen, die Orangenverkäufer am Straßenrand.

Der Park liegt am Fuß des Elburs-Gebirges. Nur die Schreie der Papageien in den Platanen zerreißen die Stille. Der Schah hat die Vögel ausgesetzt, heute wachen sie über einen Ort der Vergangenheit. Laila hakt sich bei dem Zauberer unter. Es scheint, als stütze sie ihn, ein paar Schritte weiter wirkt sie wie ein Mädchen, das sich an seinen Vater schmiegt. Leise knirscht Kies auf einem Sandweg. »Hier waren wir beim Geburtstag des Prinzen. Dort auf der Wiese haben die Gäste getanzt«, sagt der Magier und deutet auf einen kubischen Pavillon mit Rasenfläche und Teich davor. Er macht eine Handbewegung, als wolle er seine Erinnerung vor den allgegenwärtigen Sittenwächtern verstecken. Sie patrouillieren nicht weit entfernt auf einer Anhöhe. Farid erzählt von Klaviermusik, Kir Royal und Frauen, die den Limousinen in französischen Etuikleidern entstiegen. Damals prassten die iranischen Machthaber, während die Menschen auf dem Lande darbten. Fast jeder zweite Iraner lebte in den siebziger Jahren unterhalb der Armutsgrenze. Die arbeitslosen Bauern suchten in den Großstädten vergeblich nach neuen Jobs.

Die Macht der Monarchie begann 1978 zu bröckeln. Laila war siebzehn Jahre alt. Ein zierliches Mädchen mit Porzellanhaut und schwarzen Locken, dem die Jungs auf der Straße hinterherpfiffen. Sie studierte am Konservatorium Klavier und lernte Künstler und Literaten kennen, die Marx lasen und die Augenbrauen hochzogen, wenn sie von ihrem Vater erzählte, dem Zauberer des Schahs. Laila verliebte sich in einen Studenten mit dunklen Augen. Nächtelang diskutierte sie mit ihm über einen freien Iran. Die Menschen, die in den Baracken am Stadtrand von Teheran hausten, waren ihr plötzlich näher als die Schickeria, die sich im Haus ihres Vaters mit Opium berauschte. Laila verteilte Flugblätter und streute Blumen vor die Panzer des Kaisers. Ihrem Vater stellte sie Fragen: Wieso arbeitest du für einen Diktator? Hast du kein schlechtes Gewissen? »Der Künstler ist ein Pantoffelschuh, den jeder tragen kann«, antwortete Farid. Wird ein Zaubertrick böse, wenn ein Diktator im Publikum applaudiert? Dem Magier war es egal, ob er vor dem Schah oder vor Mao auftrat.

Damals schrien sich Tochter und Vater an. Sie knallten Türen und machten einander Vorwürfe. Heute schweigen sie. Als hätten sie Angst, die Vergangenheit könne sie abermals entzweien.

Auf dem Rückweg vom Park halten Laila und Farid an, um ein Foto zu schießen. Der Zauberer steht vor einem Plakat, auf dem Revolutionsführer Khomeini zu sehen ist. Es ist eines jener religiösen Bilder, mit denen Teherans Häuserwände plakatiert sind. Zwei Sittenwächter beobachten die beiden und kommen heran. Die Polizisten des Gottesstaates kontrollieren alles und jeden. Sie prüfen, ob die Kopftücher der Mädchen richtig sitzen, ob Männer und Frauen getrennt voneinander im Taxi sitzen. »Wir machen Aufnahmen fürs Familienalbum«, erklärt Laila den Polizisten, die sich die Fotos auf der Digitalkamera zeigen lassen. Die Auskunft reicht ihnen nicht. Sie wollen den Zauberer mit aufs Präsidium nehmen. Farid ist aufgeregt. Er stolpert, fällt auf den Asphalt und verletzt sich. Blut sickert aus seinem Mund. Einer der Wärter geht mit dem Gummiknüppel auf ihn los. Sie nehmen Farid mit.

Mehr als dreißig Jahre ist es her, dass Laila im Gefängnis saß. Dreißig Jahre lang hat sie die Erinnerung daran verdrängt wie eine Kiste ungeöffneter Briefe im Keller. Sie hat kaum darüber gesprochen. »Es war ein kalter wolkiger Tag im März 1980.« Lailas Traum von einem freien Iran war geplatzt. Auf die Diktatur des Schahs folgte die Diktatur des Gottesstaats. Ayatollah Khomeini verteufelte den Westen und ließ Bars, Kinos, Theater und Bordelle schließen. Auf der Straße kratzten Revolutionswächter mit Rasierklingen Lippenstift von den Mündern der Frauen. Im Radio hörte Laila die Namen von Menschen, die Khomeini hinrichten ließ. Kommunistische Freunde waren darunter, Anhänger des Schahs, Ehebrecher und Homosexuelle. Allein zwischen 1979 und 1982 exekutierte die Islamische Republik mehr als fünfeinhalbtausend Menschen. »Ich wollte raus aus dem Land, so weit weg wie möglich«, sagt Laila. Doch Laila bekam kein Visum und musste sich mit dem Gottesstaat arrangieren. Sie trug Kopftuch.

Laila ist ins Appartement der Eltern zurückgekehrt. Zwei Stunden vergehen. Das Regime fackelt nicht lange, wenn es darum geht, Menschen wie Farid hinter Gitter zu bringen. Das Telefon klingelt. Es ist Farid, der vom Präsidium aus anruft. Er spricht auf Aserbaidschanisch, nicht auf Persisch, damit ihn die Polizisten nicht verstehen. »Versteck die Fotos vom Schah!« Laila geht ins Wohnzimmer, packt die Bilder wieder in den Lederkoffer und schleppt ihn auf den Speicher.

Im März 1980 kam Laila vom Musikunterricht und war auf dem Heimweg zu ihrer kleinen Tochter. Unterwegs traf sie Freunde, die sie mit dem Auto mitnahmen. Der Wagen geriet in eine Kontrolle der Revolutionswächter. Im Kofferraum stapelten sich Flugblätter mit Parolen gegen den Gottesstaat. »Ich wusste nichts davon. Aber als mir die Wärter die Augen mit einem Stück Stoff verbanden, konnte ich mir denken, wohin sie mich bringen würden«, sagt Laila. Das Evin-Gefängnis am nördlichen Stadtrand von Teheran war bereits unter dem Schah ein Ort des Grauens. Nach der Revolution ließ Khomeini hier Tausende Gegner der Islamischen Republik einsperren, fast die gesamte iranische Intelligenz war eingekerkert.

»Ich wurde in einen Raum mit grauen Wänden gebracht.« An einem Schreibtisch saß ein Mann mit einer Kapuze über dem Kopf, die sie an den Ku-Klux-Klan erinnerte. Der Wärter verhörte Laila sechs Stunden lang. Er fragte sie nach politischen Aktionen, nach den Namen ihrer Freunde, der Familie. »Ich weiß nicht, was ich geantwortet habe.« Am Ende des Verhörs legte ihr der Beamte Papiere vor: »Ich musste mein Todesurteil und mein Testament unterschreiben.«

Laila wurde in eine Zelle gebracht, in der außer ihr ungefähr siebzig weitere Frauen kauerten. Der Raum war so klein, dass nicht alle Häftlinge gleichzeitig auf dem Boden schlafen konnten. Es war dunkel, es gab nur ein winziges vergittertes Fenster. Vom Flur drangen Schreie in die Zelle. Viele Insassen wurden mit Stromkabeln ausgepeitscht, Blutflecke verschmierten die Wände. Manchmal führten die Wärter eine Frau ab, die nicht wieder zurückkam. Drei unerträgliche Wochen vergingen. »Ich hatte kein Gefühl für die Zeit, aber ich wusste, dass jede Sekunde die letzte sein könnte.«

Wieder klingelt das Telefon. Farid. Er kommt nach Hause. Dann fällt ihr ein, dass ihn vielleicht die Revolutionswächter begleiten könnten. Da ist die Panik wieder da.

»Nach drei Wochen winkte mich eine Wärterin aus der Gefängniszelle«, sagt Laila. Die Wärterin führte Laila in den Raum, in dem sie am ersten Tag verhört worden war. »Dann sah ich meinen Mann und meine kleine Tochter.« Sie bekam zwölf Stunden Ausgang. »Hast du nicht sofort an Flucht gedacht?«, fragt der Bruder. »Das ging nicht, das wäre zu gefährlich für meine Familie gewesen.« Am nächsten Morgen fuhr sie zurück zum Gefängnis. Doch der Verkehr stockte, die Ausfahrt zum Gefängnis war gesperrt, und der Rundfunk unterbrach sein Programm für eine Meldung: Im iranischen Parlament waren zweihundert Kilogramm Sprengstoff explodiert. »Zweihundert Kilo, die jemand unbemerkt in die Regierung geschmuggelt haben soll. Wie soll das gehen? Es muss ein Komplott gewesen sein.« Teheran befand sich im Ausnahmezustand. »Wir fuhren zurück nach Hause und warteten«, erinnert sie sich. Sie warteten einen Tag, eine Woche, ein Jahr. In den Wirren der nachrevolutionären Republik war Laila vergessen worden.

Es ist nur ein leises Geräusch an der Tür. Dann steht Farid im Wohnzimmer, grau und müde. Der Zauberer erzählt von den letzten Stunden: Immer wieder fragten ihn die Sittenwächter nach dem Foto. Immer wieder antwortete er, es sei für seine Tochter bestimmt, seinen Besuch aus Deutschland. Schließlich durfte er gehen.

Damals, als Laila im Gefängnis saß, war der Vater außer sich vor Sorge. Er suchte die Krankenhäuser und Leichenhallen nach ihr ab. Als Laila plötzlich vor ihm stand, versteckte er seine Freude hinter Wut. Er wandte sich ab und verweigerte den Kontakt. Tage, Wochen, Monate, Jahre vergingen. Als Laila die Ausreise nach Deutschland gelang, ging sie ohne Abschied, froh, Iran hinter sich zu lassen. Der Zauberer musste lange auf sie warten.

Operierte Partyschönheiten

Oberschicht im Iran

Hana kämmt ihr honigblondes Haar. Sie kämmt es über die Schulter, und wenn die Zinken die Haarspitzen erreichen, dreht es sich in weichen Locken wieder zurück. Ihre Bewegungen sind langsam und präzise. Aufgeräumt, wie das Stillleben aus Haarspray, Nagellackfläschchen und Glastiegeln vor ihr. Die Kosmetikprodukte sind ihr kostbare Skulpturen und Stelen, sie bedeuten Hana viel. Hana legt den Kamm aus der Hand. Sie nimmt einen Kajalstift und umrahmt damit ihre Augen. Anschließend tuscht sie die Wimpern lang und dicht. Ein letzter prüfender Blick. »Nasrin? Nasrin! Wie sehe ich aus?«, ruft sie, ohne sich abzuwenden. Nasrin kommt ins Zimmer und tritt hinter Hana. Beide betrachten sich im Oval des Spiegels. Nasrin gibt ihrer Schwester einen Kuss auf die Wange. »Perfekt«, sagt sie, dann sieht sie sich selbst an. Ihre Nase ist zierlich und gerade geschnitten, das Profil einer griechischen Statue könnte kaum ebenmäßiger sein. Sie hat sich blass gepudert, ihre Lippen leuchten rot wie Klatschmohn. Pechschwarz fällt ihr Haar auf den Rücken.

Hana sieht der Sängerin Mariah Carey zum Verwechseln ähnlich, ihre Schwester erinnert an Liv Tyler oder Schneewittchen. Nichts deutet darauf hin, dass Hana und Nasrin eineiige Zwillinge sind. Sie haben die Haare gefärbt und den Mund verändern lassen, die Wangenknochen und die

Nase. Sie waren bei einem Arzt am Vanak-Platz in Teheran, einem der rund dreitausend Schönheitschirurgen, die in der Hauptstadt arbeiten. Die Iraner sind verrückt nach kosmetischen Verwandlungen. Jährlich gibt es ungefähr siebzigtausend Eingriffe, zumeist geht es um kleine, einheitliche West-Nasen. Die postoperativen Verbände sind so hip wie eine Handtasche von Louis Vuitton und schmücken als Statussymbol sogar die Gesichter von Schaufensterpuppen. Eine neue Nase kostet ungefähr neunhundert Euro, ein Lehrer muss zwei Monate arbeiten, um so viel Geld zu verdienen.

Hana und Nasrin leben im Norden von Teheran im Nobelviertel Shemiran. Dort parken Luxuslimousinen vor Hauseingängen, und von den Bergen weht ein frischer Wind durch die breiten Straßen. Im Winter riecht es nach Schnee, im Sommer blinzelt die Sonne durch Platanen-Blätter. Die Zwillinge, achtundzwanzig Jahre alt, wohnen zusammen mit einem jüngeren Bruder bei den Eltern in einem Appartement im fünften Stock eines Hochhauses. Es könnte einer Filmkulisse aus der US-Serie »Reich und Schön« entsprungen sein. Im Wohnzimmer stehen Sofas aus glattem, kühlem Leder. Verschnörkelte Sessel im Louis-quinze-Stil erinnern an einen französischen Salon aus der Barockzeit. Statt Perserteppichen glänzt Marmor auf dem Boden, und der Fernseher verschwindet hinter einer verschiebbaren Wand aus Tropenholz. Sie sind eine von vielen westlich eingestellten Familien aus der iranischen Oberschicht.

Hana öffnet die Türen ihres Kleiderschranks. Mit den Augen sucht sie Wäschestapel ab. Ihre

Hände schieben Kleider auf der Stange hin und her und ziehen einen Bügel heraus, auf dem ein rosafarbenes Babydoll baumelt. Sie hält es an den Körper, überlegt einen Moment und wirft es dann aufs Bett. Dort liegen bereits Spaghetti-Tops, Miniröcke und Jeans durcheinander. Nasrin stöckelt auf High Heels zu einem Wandspiegel. Sie dreht sich und zupft an einem hauchdünnen Etwas herum. Es ist mit großen Blüten bedruckt und fließt bis zu ihren Fesseln. »Ich habe nichts anzuziehen«, jammert Nasrin. Sie geht zum Bett und fischt ein smaragdgrünes Cocktailkleid aus dem Stoffberg. »Was sagst du dazu?«, fragt sie ihre Schwester. »Schon besser«, antwortet Hana und reicht Nasrin ein kurzes Jäckchen. Die Zwillinge lieben Klamotten. Nach der Uni fahren sie manchmal mit einem Taxi zu einem der großen Konsumtempel im Norden der Stadt. Dort glitzert eine Boutique neben der nächsten. Designer wie Versace, Donna Karan oder Dior präsentieren ihre Kreationen in kaltem Neonlicht. Die zarten Stoffe kommen in der iranischen Öffentlichkeit kaum zur Geltung, denn der islamische Dresscode schreibt Frauen knielange Mäntel und Kopftücher vor. Doch es gibt genug private Gelegenheiten, tief ausgeschnittene Blusen aus Chiffon oder Seide zu tragen. Heute Abend zum Beispiel. Die Eltern der Zwillinge verbringen ein paar Tage in ihrem Ferienhäuschen am Kaspischen Meer, die Schwestern haben Freunde eingeladen und geben eine Party.

Sechs Uhr abends. Hana trägt eine hautenge Jeans zu hohen Absätzen, Leila ein kleines Schwarzes mit Bolero. Jetzt sitzen die Schwestern am Küchentisch und bereiten das Buffet vor. Hana baut eine Pyramide aus Schokoladenstücken, Nasrin spießt Gouda und Weintrauben auf Zahnstocher auf. Im Ofen zerläuft Käse über scharfer Salami. Die Party-häppchen könnten von einer Studentenparty aus Hamburg Eimsbüttel oder der Kölner Südstadt in die iranische Küche gebeamt worden sein. Dann klingelt es. Hana springt auf und läuft zur Tür. Neben dem Eingang hängt ein Flachbildschirm, der ein Kamerabild vom Innenhof überträgt. Ein Mädchen im langen Trenchcoat steht unten, es ist Shirin, sie will den Zwillingen beim Vorbereiten helfen und kommt früher als die anderen Gäste. Hana drückt auf den Summer und wartet, bis der Aufzug ihre Freundin nach oben bringt.

Shirin hat ihren Mantel abgelegt, die Schwes-tern umarmt und stöbert nun in der Vorratskam-mer nach Snacks. Mit einer Dose Mais, eingelegten Oliven und einem abgepackten Kuchen kommt sie zurück und setzt sich an den Tisch. Shirins An-blick irritiert – zumindest einen Betrachter, der an das aktuelle Schönheitsideal der neuen Natürlich-keit gewöhnt ist. Ihre Lippen sind gepolstert wie ein Kissen. Über den Wangenknochen knistert die Haut pergamentartig. Wenn sie lacht, sieht sie aus, als hätte sie Schmerzen. Die Mimik ist erstarrt und wehrt sich gegen jede Bewegung. Doch Shi-rin gefällt ihr Gesicht. Sie ist stolz darauf: »An der Schule müssen wir Uniformen tragen, mit neun Jahren das Kopftuch. Ich bin einfach froh, wenn mir niemand reinredet und ich mich stylen kann, wie ich will«, sagt sie. Nasrin nickt. Die Operatio-nen sind ein Protest gegen die vielen Vorschriften und Zwänge im Alltag. Eine Nase, ein Mund oder eine Brust sind leichter zu verändern als ein ganzes Regime.

Plastische Chirurgie ist gegen die Ideale der Islamischen Republik, nach denen seelische Schönheit wichtiger ist als äußere. Heute geht es weniger streng zu als kurz nach der Revolution. Es gibt zwar immer noch Kontrollen und Zurechtweisungen, aber davor hat Hana keine Angst. »Ich verlasse nie ungeschminkt das Haus. Natürlich nicht! Nicht mal, um Brot zu kaufen«, sagt sie und lacht. Außer einem aufwändigen Make-up tragen die Zwillinge besonders eng geschnittene Mäntel und bunte Kopftücher, dazu übergroße Sonnenbrillen. Das sind die einzigen Accessoires, mit denen sie ein wenig auffallen und ihre Individualität in der Öffentlichkeit ausleben können. Mehr geht nicht, mehr ist nicht erlaubt.

»Wartet!«, sagt Nasrin und verschwindet in der Vorratskammer. Sie kommt mit einer Fanta-Flasche zurück. Hinter dem Plastik schimmert eine rote, trübe Flüssigkeit. Rotwein, eine absolute Rarität im Iran. Die Flasche ist unscheinbar und nicht zerbrechlich, doch Nasrin hält sie in den Händen wie Chinesisches Porzellan. Hana läuft ins Wohnzimmer. Sie holt drei schwere Kristallgläser aus einer beleuchteten Vitrine, entstaubt sie mit einem weichen Tuch und stellt sie auf den Tisch. Nasrin gießt den Rotwein ein. Vorsichtig und schluckweise wie ein kostbares Elixier. »Salomati – Chin Chin«, sagt Nasrin und prostet ihren Freundinnen zu. Beim Trinken verzieht Hana das Gesicht. Der Rotwein ist sauer, er schmeckt nach Essig, trotzdem genießen sie ihn. Das antike Persien gilt als Ursprungsland des Weines. Der Legende nach entdeckte König Dschamschid die berauschende Wirkung der Früchte vor mehr als zweieinhalbtausend Jahren. Doch seit der Revolution ist Alkohol verboten. Wer sich damit erwischen lässt, muss damit rechnen, ausgepeitscht zu werden. Aus dem Anbau von Wein werden im Iran nur noch Rosinen und Tafeltrauben gewonnen, offiziell zumindest. Der Onkel der Zwillinge hat den Rotwein gekeltert, heimlich, auf seinem kleinen Landsitz im Norden, ein paar Kilometer von Teheran entfernt. In einem Kellergewölbe ohne Fenster hat er die Trauben durch eine selbst gebaute Spindelpresse gequetscht, den Saft in Flaschen gefüllt und der Verwandtschaft geschenkt. Die Eltern der Zwillinge haben nichts dagegen, wenn die Töchter Alkohol trinken. Doch der Rotwein ist für besondere Anlässe bestimmt, einen Geburtstag, eine Hochzeit. Also verschließt Nasrin die Flasche wieder und bringt sie zurück an ihren Platz. In der Vorratskammer steht dafür Wodka, Wodka und noch mal Wodka. Ein ganzes Regalbrett ist mit Flaschen der hochprozentigen Spirituose gefüllt. Er stammt aus Afghanistan und kostet ungefähr fünfunddreißig US-Dollar, das ist in etwa so viel, wie man für eine Nacht in einem Teheraner Mittelklassehotel aufbringen muss. Wodka ist leichter zu beschaffen als Wein. Man kann ihn problemlos über einen Drogenkurier bestellen, eine Art Taxifahrer, der sich ein Zubrot dazuverdient, indem er Alkohol an Haushalte ausliefert. Der Drink-to-Call-Service ist natürlich illegal, doch er ist so verbreitet, dass Alkohol auf kaum einer Party fehlt.

Fast niemand hat Angst, ihn im Haus zu haben, Razzien kommen eher selten vor, sagt Hana.

Sieben Uhr. Die ersten Gäste sind eingetroffen. Vier junge Frauen und sechs Männer sitzen mit einem Wodka-Cola-Gemisch am Tisch. Einige kennen sich von der Uni, andere sehen sich zum ersten Mal. Nasrin stellt die Gäste einander vor, Hana dekoriert Melonenscheiben mit bunten Papierschirmchen und öffnet die Tür, wenn es klingelt. Auch der Bruder Ali ist da. Er sitzt breitbeinig auf einem Stuhl und unterhält sich mit einem Mädchen in rotem Oberteil. Wenn sie nickt, wippt ihr Pferdeschwanz auf und ab. Jamshid betritt die Küche, ein Freund von Ali. Er trägt einen elfenbeinweißen Anzug und ein fliederfarbenes Seidenhemd. In seinem Ausschnitt kräuseln sich Brusthaare, und ein Goldanhänger in Peace-Form baumelt auf seinem dicken Bauch. Ein Retro-Proll-Schick, wie man ihn aus London, Berlin oder Hamburg kennt. »Partyyyy!«, ruft er mit Sirenenstimme und hält eine rot-grüne Tüte Chips in die Höhe. Den Kartoffelsnack aus dem Westen gibt es genau wie Vollmilch-Schokoriegel in jedem Tante-Emma-Laden in Teheran, doch solche Produkte sind teuer. Sie kosten ungefähr dreimal so viel wie in Deutschland und sind damit für viele Iraner unbezahlbar. »Wooow!«, schreit Hana und küsst Jamshid auf die Wange. Dann wirbelt sie zur Tür, es hat wieder geklingelt. Um acht Uhr haben sich zwanzig Leute um das Oval des Küchentischs versammelt. Ein Mann füllt sich Mixed Pickles auf seinen Teller, die Platte mit der überbackenen Salami macht die Runde. Nach einer Stunde wird eine neue Flasche

Wodka geöffnet. Der Alkohol zeigt Wirkung: Ein Junge prahlt mit Fußballgeschichten und verhaspelt sich, Shirin ist mit dem Stuhl ganz nah an ihren Nachbarn gerutscht, einen Mann mit lockigen halblangen Haaren. Sie stützt ihren Ellenbogen auf seiner Stuhllehne ab und hört ihm fast andächtig zu.

»Lasst uns rübergehen!«, ruft Nasrin und holt ein Tablett. Die Gäste packen alles zusammen und ziehen nach nebenan. Der Raum mit Kristalllüstern an der Decke und Landschaftsgemälden auf einer gestreiften Vliestapete wird zur Partyzone. Die Gäste setzen sich auf Stühle mit hohen verschnörkelten Lehnen, rauchen, trinken, essen. Jamshid beginnt zu singen. Er stimmt ein persisches Volkslied an, das er von seiner Mutter gelernt hat. »Ich liebe diesen Song«, flüstert die junge Frau mit dem roten Oberteil. Nach und nach stimmen alle Gäste ein, jeder versucht lauter zu sein als der Nachbar. Shirin hat ihre Hand wie zufällig auf den Oberschenkel des Jungen mit den Engelslocken gelegt. Vielleicht ist sie auf der Suche nach einem Flirt, vielleicht nach einem Freund. »Tanzen!«, ruft Nasrin. Sie hebt einen Arm über den Kopf, wie eine Flamenco-Königin. »Ja!!!«, schreit Hana. Sie springt auf und zupft Jamshid am Sakko: Mitkommen, sofort! Im anderen Zimmer steht die Stereoanlage. Nasrin legt eine CD ein und dreht »Live is Life« auf, den Nummereins-Hit der österreichischen Rockband Opus aus den achtziger Jahren. »Live is Life« schmettern die Partygäste jetzt und fangen nach und nach an zu tanzen. Nasrin hat die Wiederholungstaste gedrückt. Als der Song erneut startet, sind alle

Gäste auf der kleinen Freifläche zwischen den Sofas. Sie hüpfen, springen, legen sich die Arme um
die Schultern. Sie tanzen, als gäbe es kein Morgen
mehr. Die Frau mit dem roten Oberteil fällt Nasrin
um den Hals, ein paar Strähnen haben sich aus
ihrem Pferdeschwanz gelöst. »Hast du schon mal
mit einem Jungen geschlafen?!«, schreit sie gegen
die Musik an und rüttelt Nasrins Schultern. Sie
ist betrunken und außer sich. Vor Kurzem hat sie
ihr Freund verlassen. Sie hatte Sex mit ihm und
hat nun Angst, dass er nichts mehr von ihr wissen
will, weil sie so leicht ins Bett zu bekommen war,
erzählt Nasrin später. Sex außerhalb der Ehe ist im
Gottesstaat verboten. Viele junge Männer halten
sich nicht daran. Viele junge Frauen auch nicht,
aber die Doppelmoral der Männer macht sie da-
durch zu gefallenen Mädchen. Selbst westlich eingestellte Männer, die nicht viel auf alte islamische
Traditionen geben, sehen in Frauen Heilige oder
Huren. Sie möchten ihren Spaß haben, heiraten
wollen sie aber ein unberührtes Mädchen. Manche
Frauen, die vor der Ehe Sex hatten, lassen sich deshalb von einem Chirurgen das Jungfernhäutchen
wieder zusammennähen. »Blumensticken« heißt
dieser Vorgang, mit dem Teherans Ärzte viel Geld
verdienen.

Ein paar Gäste haben sich in Hanas Zimmer
zurückgezogen. Hana, Nasrin, eine Frau und drei
Männer sitzen auf dem Boden. Jamshid hat auf
der Bettkante Platz genommen. Er zerbröselt einen
kleinen, dunklen Harzbrocken auf einem Blättchen
und mischt die Krümel mit Tabak, um einen Joint
zu bauen. Im Iran trägt die Hanfpflanze mit berau-
schender Wirkung den Namen *Schah Daud* – Kö-

nig der Körner. Der Genuss ist weit verbreitet und illegal. Angesichts von zwei Millionen Iranern, die abhängig sind von Koks, Opium oder Heroin, sind die Cannabis-Konsumenten ein geringes Problem für die Islamische Republik, trotzdem haftet Marihuana etwas Verruchtes an. Die kleine Kiffer-Clique hat sich deshalb in Hanas Zimmer zurückgezogen. Jamshid rollt das Blättchen und klebt es zusammen. Dann wandert die präparierte Zigarette von Hand zu Hand, von Mund zu Mund. Süßlicher Marihuana-Duft schwebt durch den Raum. Nasrin nimmt den Joint von Hana. Sie inhaliert schnell und hektisch. Dann stürzt sie zum Fenster und reißt es auf. Kühle Nachtluft strömt herein. Das reicht nicht. Hana geht zu ihrem Schminktischen. Sie nimmt ein Deodorant und sprüht damit durch das Zimmer, bis es aufdringlich nach Rosen duftet. Die Eltern sind nicht zu Hause, wer wird den Hasch-Konsum anprangern? Hana hat Angst, dass ihr Bruder das Kiffen bemerkt. Er ist im Wohnzimmer und tanzt zu einer Diskonummer aus den USA. Ali ist kein Moralapostel. Er raucht, trinkt und kifft selbst. Doch bei seinen Schwestern wird er plötzlich streng und intolerant, sagt Hana und verdreht die Augen. Für iranische Männer gelten andere Gesetze, auch hier. Das ändert nicht einmal ein westlicher Lebensstil. Also suchen sich die Frauen selbst in vermeintlich toleranten Familien Nischen der Heimlichkeit. Als der Joint wieder bei Hana ankommt, inhaliert sie und blickt dem Rauch hinterher. Er schwebt in Kringeln und Schleifen durch die Luft. Jetzt entspannt Hana sich. Sie lehnt sich auf dem Bett zurück und lächelt. Im Iran, dem Land der tausendundeinen Regeln, sind die Menschen für jede Flucht aus dem Alltag dankbar.

Solche Fluchten sind kurz. Kleine Zeitfenster nur.

Es ist kurz vor zwölf. Wie im Märchen von Cinderella, als mit dem letzten Gongschlag der Zauber vorbei ist, endet die Party abrupt um Mitternacht.

Alle wirken schlagartig nüchtern. Shirin holt ihre Jacke von der Garderobe, Jamshid verteilt Pfefferminzbonbons für einen frischen Atem. Die Sittenwächter lauern manchmal vor dem Haus und passen Gäste auf dem Heimweg ab, um zu prüfen, ob Alkohol getrunken wurde. Die iranische Realität ist dermaßen voller Gebote, Verboten und Zwänge, dass Gesetzesbrüche für westlich eingestellte Menschen fast unvermeidbar sind. Die allgegenwärtige Angst schult die Vorsicht und die Fähigkeit, sich zu verstellen. Das Mädchen mit dem Pferdeschwanz wirkt jetzt so klar, als hätte sie nie einen Schluck Wodka getrunken.

Schnelle Küsse zum Abschied, dann fällt die Tür ins Schloss. Die Zwillinge und ihr Bruder sind wieder alleine.

Ali sitzt im Wohnzimmer in einem Sessel und raucht eine Gute-Nacht-Zigarette, Hana und Nasrin tragen leere Teller in die Küche. Nach einer halben Stunde ist die Wohnung blitzblank aufgeräumt. Sie ist so ordentlich, als hätte es nie eine Party gegeben.

Alltag in Mullah-Stadt

Familie Hossein aus Qom

»Ich habe jetzt die Handynummer von einer Prostituierten. Ein Mullah von der Koranschule hat
sie mir gegeben!« Amir schreit gegen den Ver-
kehrslärm an, damit ihn sein Freund Behrouz
versteht. Die jungen Männer sitzen auf einer roten Vespa und fahren durch Qom. Qom ist nach
Maschad im Norden des Landes der heiligste Ort
im Iran. Tausende Gläubige pilgern jedes Jahr in
die Stadt, die hundertvierzig Kilometer entfernt
von Teheran in der Kavir-Wüste liegt. Überall,
in den engen Basargassen und auf dem Platz der
Fatima-Moschee, wuseln Mullahs herum. Mullahs
in bodenlangen Gewändern und mit Prophetenbart. »Rufst du die Frau an?«, fragt Behrouz. Er
klammert sich an Amirs schmalen Schultern fest.
Amir wendet seinen Kopf zur Moschee. Die Kuppel des Grabmals glitzert in der Sonne wie eine
Goldmünze in einer Schatzschatulle. Vor dem Eingang herrscht eine Stimmung wie beim Schluss-
verkauf. Einem Geistlichen purzelt im Gedrän-
ge der Gläubigen ein Koran aus der Hand. Eine
Mutter zieht ihr Kind am Jackenärmel hinter sich
her. Unter dem Rund des Pilgerbogens stehen die
Prostituierten von Qom. Als Erkennungszeichen
tragen sie den *Tschador* auf links, die Nähte nach
außen gedreht. Sie warten auf einen Mann, der
sie für eine Stunde, einen Tag oder mehrere Jahre heiratet. Prostitution ist verboten im Iran und

wird mit Peitschenhieben bestraft. *Sighe,* die Ehe auf Zeit, ist hingegen erlaubt. Der Mann muss der Frau während dieser Beziehung Geld zahlen und sie finanziell unterstützen, wenn sie schwanger wird. Zeit-Ehen werden oftmals nur für eine einzige Nacht geschlossen. Kritiker bezeichnen *Sighe* deshalb als Prostitution und Paradebeispiel für die Doppelmoral der Schiiten. Es sind vor allem Witwen und geschiedene Frauen, die sich mit der Zeit-Ehe ein wenig Geld hinzuverdienen. »Die Frau nimmt ungefähr dreißig Dollar im Monat. Der Mullah will siebzehn Dollar als Gebühr für die Vermittlung haben«, sagt Amir. Er bremst und parkt seinen Roller zwischen zwei Peugeots am Straßenrand.

Amir und Behrouz laufen schweigend an der Moschee entlang, sie sind auf dem Weg ins Einkaufszentrum. Qom ist so groß wie Köln, verschlafener als Kassel und religiöser als Fulda. Es gibt ein paar Moscheen, zwei Kinos und jede Menge Teestuben, in denen alte Männer Wasserpfeife rauchen. Die Jugendlichen studieren an den theologischen Fakultäten oder suchen das Weite. Denn Qom ist Mullah-Stadt. Strenger noch als in anderen Metropolen des Landes wachen die Geistlichen darüber, dass die Vorschriften des Korans eingehalten werden. Hin und wieder setzt sich Amir in den Bus. Er fährt durch die Wüste bis nach Teheran und besucht dort seine Verwandten. Es kommt ihm jedes Mal vor wie ein Ausflug vom Dorf in die Großstadt. In Qom leben eine Million Menschen, in Teheran sind es vierzehn Millionen.

Amir geht das Angebot des Geistlichen nicht aus dem Kopf. »Ich habe keine Lust, mit einer

Frau gegen Geld zu schlafen«, sagt er schließlich und verschweigt, dass er sich das gar nicht leisten könnte. Er hat weder das Zuhälterhonorar für den Mullah noch Geld für den Unterhalt einer *Sighe*-Frau. Amir ist arbeitslos. Er lebt zusammen mit seiner Mutter und der jüngeren Schwester in einem winzigen Reihen-Bungalow. Ihr Appartement kostet rund fünfzig Dollar Miete im Monat, und Amir beteiligt sich nicht an den laufenden Kosten. Stattdessen träumt er davon, Schauspieler zu werden. Als Statist hatte er bereits einen kleinen Auftritt in einem Low-Budget-Kurzfilm, er war ein Obstverkäufer, der einen Karren Granatäpfel durch das Bild geschoben hat. Doch seine Karriere stagniert. Qom hat keine Filmakademie. Wie stellt Amir sich die Zukunft vor? Amir zuckt mit den Achseln. Er weiß es nicht. Vielleicht wird er ein berühmter Star, vielleicht auch nicht. Noch ist er jung und sorglos.

Die Sonne brennt auf Qom als läge ein riesiges Vergrößerungsglas über der Stadt. Amir und Behrouz erreichen das Einkaufszentrum, dessen Dach von Kuppeln gekrönt ist und an eine Moschee erinnert. An der Fassade glitzern Mosaiksteine in den Farben des Ozeans. Weitläufige Arkaden spenden Schatten. Drinnen ist es angenehm kühl. Amir und Behrouz bummeln an Klamottengeschäften vorbei und bleiben vor einer Auslage stehen. In kaltem Kunstlicht präsentiert eine Schaufensterpuppe die neueste Mode. Sie trägt eine dunkelblaue Jeans und ein rotes T-Shirt mit einem Schriftzug.»Seks, Druks and Rockets« steht in Blockbuchstaben auf dem Stoff. Amir lacht. Ihn amüsiert nicht, dass die Rockhymne aus den siebziger Jahren falsch zitiert wird. Er findet lustig, dass es schon wieder um Sex geht.

Amir hatte noch nie eine Freundin. Letztes Jahr hatte seine Mutter eine Braut für ihn ausgesucht. Sara, ein Nachbarsmädchen. Amir und Sara kannten sich von klein auf. Als Kinder haben sie Gummitwist gespielt oder sich in den Dattelgarten ihrer Eltern gelegt. An ihrem neunten Geburtstag änderte sich alles. Sara war dem Gesetz nach eine Frau. Das Haar, das Sara mit bunten Glitzerspangen aus dem Gesicht gesteckt hatte, musste sie nun bedecken. Sie senkte den Blick, sobald sie Männer traf, die nicht zur Familie gehören. Amir und Sara sahen sich kaum noch. Ein paar Jahre später traf Amir sie zufällig auf dem Basar. Durch die schweren Einkaufstüten in ihren Händen beulte der *Tschador* seitlich von Saras Beinen aus. Er dachte an eine bauchige Vase ohne Blumen. Fast hätte er sie nicht erkannt, so sehr glich sie anderen schwarz gekleideten Frauen auf dem Basar.

War er verliebt in Sara? »Ich weiß es nicht«, sagt Amir so langsam, als dächte er zum ersten Mal über diese Frage nach. Aber er erzählt, dass er sich manchmal vorstellt, wie sich Saras Haare anfühlen. Weich wie Kirschblüten vielleicht, nach Seife duftend, süß und rein. Aus einer Hochzeit wurde nichts. Saras Eltern hatten die Tochter einem anderen Mann versprochen. In traditionellen iranischen Familien entscheidet nicht die Liebe darüber, wen man heiratet, Vater und Mutter verfügen über das Schicksal des zukünftigen Paares. »Sara heiratet einen Ingenieur! Du musst endlich Arbeit finden, sonst kriegst du nie eine Frau ab!«, schimpfte seine Mutter damals, erzählt Amir. Iranische Männer zahlen ein Brautgeld an die zukünftige Frau, und Amirs Familie ist arm. Der Vater fiel im Irakkrieg. Das Einzige, was er den Kindern und seiner Frau hinterließ, ist eine niedrige Rente vom Staat und den Stolz, einen Märtyrer zum Vater und Ehemann zu haben.

Amir und Behrouz verlassen das Einkaufszentrum und gehen zurück zum Motorroller. Überall in Qom wird Amir daran erinnert, dass er froh sein kann, der Sohn eines Märtyrers zu sein. In dem Springbrunnen vor der Fatima-Moschee färben Scheinwerfer das Wasser rot wie das Blut der iranischen Krieger, das im Sand der irakischen Wüste versickerte. Die Betonwände der Häuser sind bemalt mit meterhohen Porträts bärtiger Kämpfer. Manche von ihnen sind aufgebahrt im Leichenhemd. Sie liegen in Feldern roter Tulpen und werden beweint von Tränen in Regentropfenform. Anfang der achtziger Jahre, als der Iran noch kein stabiler Nationalstaat war und mit keinem stehenden Heer aufwarten konnte, begann Ayatollah Khomeini den individuellen Märtyrer zu verherrlichen. Er war überzeugt davon, dass die stärkste Waffe des Landes nicht die militärische Macht war, sondern seine Menschen. Es fiel ihm leicht, junge Männer und sogar Kinder dafür zu begeistern, an der Front zu fallen.

Amirs Vater war ein Mullah. Er trug einen schwarzen Turban, weil er ein *Seyed* war, ein direkter Nachkomme des Propheten. Amir hatte gerade seinen zweiten Geburtstag gefeiert, als sein Vater den Turban ablegte und in den Krieg zog. Eine Bombenexplosion zerriss seinen Körper in tausend Stücke. Die verkohlten Leichenteile wurden mit einem Flugzeug zurück in die Heimat geflogen und Amirs Mutter musste sie identifizieren. »Er hatte einen Leberfleck an der linken Wade«, sagte sie zu dem Beamten, der sie zu ihrem Mann führte. Sie sagt es zu Amir, heute noch, und Amir weiß nicht, was er erwidern soll. Wenn er versucht, sich an seinen Vater zu erinnern, zieht er ein abgegriffenes Lederportemonnaie aus seiner Hosentasche und holt einen Ausweis hervor. Stolz hält er das Plastikkärtchen mit seinem Foto vor seine schmale Brust. »Kriegswaise« steht darauf. Einen solchen Ausweis verteilte die Regierung Ende der achtziger Jahre an die iranischen Kinder, die durch den Krieg ohne Vater aufwuchsen. Der Iran beklagte damals doppelt so viele Tote wie Großbritannien während des Zweiten Weltkriegs. Mit seinem Märtyrerausweis bekommt Amir fünfzig Prozent Rabatt auf Kino- oder Museumsbesuche. Manchmal geht er in eines der Kinos von Qom. Nur ein einziges Mal war er in dem Bungalow, in dem Ayatollah Khomeini vor seinem Exil lebte.

Amir vertreibt sich den Nachmittag in der Innenstadt. Seine Mutter, Frau Hossein, ist in dieser Zeit zu Hause. Sie steht in der winzigen Küche und zerkleinert Petersilie für einen Salat. Obwohl es unerträglich heiß ist, trägt sie den *Tschador*. Schwarz rahmt der Stoff ihr schmales Gesicht. Das Zelt aus undurchsichtigem Nylon ist für sie zur zweiten Haut geworden, sie nimmt es kaum noch wahr. »Du bist die frommste Frau von Qom«, sagt Amir manchmal zu seiner Mutter. Ein schöneres Kompliment kann er ihr nicht machen. Frau Hossein öffnet den Kühlschrank und nimmt einen großen Becher Joghurt heraus. Am Morgen war sie auf dem Basar an der Fatima-Moschee und hat Obst und Gemüse eingekauft. Ihr Leben besteht aus Beten, Kochen und den Kindern. Frau Hosseins Blick geht zur Wanduhr. Die Zeiger stehen auf kurz nach vier. Frau Hossein seufzt und schüttelt den Kopf. Wo bleibt Amir? Sie nimmt eine Aubergine in die Hand und hackt den Strunk mit einem großen Messer ab, ihre Bewegungen sind energischer als nötig. Amir entgleite ihr mehr und mehr, sagt Frau Hossein und legt das Messer zur Seite. Sie zählt mit den Fingern auf, was mit Amir nicht in Ordnung ist: Er streune wie ein Kater durch Qom. Er studiere nicht. Er mache keine Ausbildung. Er suche keinen Job und finde keine Frau. Stattdessen wolle er Schauspieler werden! Bei dem Wort Schauspieler reckt Frau Hossein ihre Hände zum Himmel. »Was soll aus dem Jungen nur werden?«, fragt sie, und ihre Stimme bebt.

Frau Hossein macht sich Sorgen. Seit ihr Mann tot ist, entscheidet sie alleine, was im Alltag zu tun ist. »Ich könnte es mit einer Truppe Soldaten aufnehmen. Ich bin zäh. Aber meine Kinder? Sie brauchen Schutz!«, sagt sie. Am liebsten wäre ihr, die Kinder wären immer in ihrer Nähe. Amir ist vierundzwanzig Jahre alt, ihre Tochter Shanaz einundzwanzig.

Frau Hossein ist eine zierliche Person mit funkelnden, dunklen Augen. Ihr lebhaftes Temperament und der olivfarbene Teint verraten, dass sie aus dem Süden des Landes stammt, aus Bushehr. Die Stadt am Persischen Golf genießt im Ausland einen eher zweifelhaften Ruf. Zwischen 1976 und 2009 haben die Iraner in Bushehr eine zivile Atomanlage errichtet. Zuerst halfen die Deutschen bei dem Projekt, dann lieferten die Russen Brennstäbe und technisches Wissen. Eine Krise mit den Vereinigten Staaten war die Folge. Frau Hossein ist als Mädchen oft an der Baustelle vorbeispaziert. Heute ist die Kuppel der Anlage fertig und von weit her sichtbar. Eine weiße Magnolienblüte in einer Luft voller Abgase, sagt Frau Hossein und lacht. Sie interessiert sich nicht für Politik. Sie interessiert sich für Religion, auch wenn das im Iran oft das Gleiche ist. Frau Hossein war zwölf Jahre alt, als Ayatollah Khomeini aus seinem Pariser Exil in den Iran zurückkehrte. Sie verehrte den bärtigen Geistlichen aus Qom schon damals wie einen Popstar. Ihr Vater hatte ihr eine Kassette mit einer Predigt von Khomeini geschenkt, wieder und wieder lauschte sie seinen glühenden Reden auf Tonband, als wären sie ein Hörspiel für Kinder. Frau Hossein ist zufrieden mit der Situation in der Islamischen Republik. Bei den Präsidentschaftswahlen im Juni 2009 gab sie dem ultrakonservativen Staatschef Ahmadinedschad ihre Stimme. Reformen? Davon hält Frau Hossein nichts. Sie blickt wieder zur Uhr. Amir ist immer noch nicht da. Nur die Rufe der Mauerschwalben zerreißen die Stille.

Die Hosseins leben in einem kleinen Bungalow mit ungefähr vierzig Quadratmetern. Die beiden Zimmer sind fast unmöbliert, und das Bad befindet sich im Innenhof. Frau Hossein geht mit einem Plastikkorb nach draußen und hängt Wäsche auf eine Leine. Eine zwei Meter hohe Betonmauer, die ein Wellblech nach oben hin verlängert, schirmt das Grundstück von den Nachbarn und einer schmalen Gasse ab. Frau Hossein nimmt gerade ein feuchtes Geschirrtuch in die Hand, als sich die Metalltür zum Hof mit einem Quietschen öffnet. Shanaz tritt ein. Frau Hossein wirft das Wäschestück zurück in den Korb und stürmt auf ihre Tochter zu. Sie umfasst Shanaz' Gesicht mit beiden Händen und drückt ihr einen Kuss auf die Wange. »Endlich, endlich«, sagt Frau Hossein und lacht. Shanaz ist eine bildhübsche Frau mit dem Gesicht einer Madonna. Ihre Augen sind geschwungen wie Halbmonde, und der *Tschador* unterstreicht ihre hochgewachsene Figur. »Salaam«, begrüßt sie ihre Mutter fröhlich. Sie löst sich aus der Umarmung und bringt ihre Aktentasche ins Wohnzimmer. Dort streift sie Kopftuch und Umhang ab, zum Vorschein kommen eine dunkle Stoffhose mit einem breiten Ledergürtel und eine schwarze Bluse. Lang und glatt fällt ihr dunkelbraunes Haar auf den Rücken. Zurück im Innenhof hilft sie ihrer Mutter bei der Wäsche.

Frau Hossein sorgt sich um ihren Sohn, ihre Tochter dagegen ist ihr Augenstern. Die Zukunft liegt vor Shanaz wie eine Bleistiftskizze, die nur noch mit bunten Farben ausgemalt werden muss. Frau Hossein wird einen gläubigen Mann für Shanaz auswählen. Die beiden heiraten, bekommen Kinder und ziehen mit der Mutter in eine größere Wohnung, so ist der Plan.

Die Wäsche weht im Abendwind sanft auf der

Leine. Shanaz geht ins Wohnzimmer und setzt sich an den kleinen Schreibtisch mit Plastikfurnier. Der Tisch ist außer einem Wandregal das einzige Möbelstück im Raum. Shanaz zieht ein geblümtes Tuch von einem alten 386er Computer und startet den PC. Das typische Windows-Geräusch erklingt und als Hintergrundbild erscheint ein Foto der Kaaba in Mekka. Shanaz nimmt die Maus in die Hand und surft auf die Seite von *JameJam Daily*. Die Tageszeitung ist bekannt dafür, dem Regime Ahmadinedschads nahezustehen. Shanaz ist eine tiefgläubige und traditionelle Frau. Ihre Zukunftsvorstellungen decken sich mit den Erwartungen der Gesellschaft. Gleichzeitig ist sie modern. Sie will später arbeiten und eigenes Geld verdienen. Wie für viele Frauen aus ihrem Bekanntenkreis ist dieser Wunsch für sie kein Widerspruch.

Nur mit der Ehe würde Shanaz sich gerne noch ein bisschen Zeit lassen, sagt sie mit fester Stimme. Frau Hossein schnalzt bei solchen Worten mit der Zunge. Dann lacht sie. Mal sehen, heißt das.

Die Sonne ist untergegangen, und bunte Lichter glitzern von Minaretten und Moscheen. Amir kommt aus der Stadt zurück. Er parkt die Vespa in der Gasse vor dem Bungalow und stellt den Motor ab. Hektisch blickt er auf seine Armbanduhr: In fünf Minuten beginnt das Nachtgebet. Er öffnet die schwere Metalltür, rennt durch den Innenhof und stürmt ins Wohnzimmer. Shanaz und seine Mutter haben bereits das Radio angestellt. Es überträgt den Ruf des Imam und gibt das Signal zum Gebet. Frau Hossein guckt streng, als sie ihren Sohn sieht, verschwitzt und mit zerzausten Haaren. Doch dann werden ihre Gesichtszüge weich. Sie freut sich, dass er da ist. »Schnell, es geht gleich los«, sagt sie. Amir läuft in den Nebenraum, er betet separiert von den Frauen. Nur durch eine Wand getrennt, kniet die Familie auf dem Perserteppich nieder und betet Richtung Mekka. Ein Tag in Qom geht zu Ende.

Sein Leben für die Liebe riskieren

Schwul im Gottesstaat

Es war das erste Mal in seinem Leben, dass Darius nicht vor den Sittenwächtern davongerannt ist. Er stand inmitten einer Großdemonstration auf dem Platz der Revolution in Teheran. Reckte seine Fäuste in den Himmel und schwenkte ein grün bemaltes Betttuch. Grün wie die Hoffnung, grün wie die Parteifarbe von Mir Hossein Mussawi, dem gemäßigten Präsidentschaftskandidaten, dem Darius bei der Wahl 2009 seine Stimme gegeben hatte.

Einen Tag nach dem Protestmarsch durch Teheran sitzt Darius in seinem Lieblingsrestaurant im Zentrum der Stadt und zerlegt einen Kebab-Spieß mit der Präzision eines Chirurgen. Sein marineblaues Sakko verschmilzt mit den türkisfarbenen Kacheln an der Wand, als wäre er ein Chamäleon. Darius will ein alkoholfreies Bavaria-Bier bestellen, der Kellner übersieht ihn. Darius ist geübt darin, nicht aufzufallen. Er ist schwul, und auf Homosexualität steht im Iran die Todesstrafe. Mehr als viertausend Männer, die Männer lieben, wurden laut Amnesty International seit der Islamischen Revolution am Baukran erhängt. Unzählige gefoltert. Darius lebt in ständiger Angst. Doch als der Verdacht aufkam, dass Ahmadinedschad das Wahlergebnis gefälscht hatte, fühlte Darius sich betrogen. Er wollte sich nicht länger verstecken und demonstrierte. Er ging für Gerechtigkeit und mehr Freiheiten im Alltag auf die Straße.

Auch unter Mussawi als iranischem Präsidenten würde es keinen Christopher Street Day im Iran geben, keine Aids-Schleifen oder Gay-Clubs, Darius weiß das. Doch er erhoffte sich von dem Reformer eine verbesserte Situation für die Schwulen im Land. »Mussawi hat uns Presse- und Meinungsfreiheit versprochen«, sagt er. Das könnte nach und nach zu größerer gesellschaftlicher Toleranz gegenüber Minderheiten führen. Seine Meinung frei zu äußern, wagt Darius nicht einmal vor seiner Familie. Sein Großvater war *Ayatollah*, ein geistlicher Kleriker, und seine Eltern würden ihn persönlich ins Gefängnis schleppen, wenn sie wüssten, dass ihr Sohn homosexuell ist. Das sagte sein Vater einmal beiläufig in einem Nebensatz. Seitdem lässt Darius vor ihm hin und wieder ein paar schwulenfeindliche Sprüche fallen. Nicht einmal sein Zwillingsbruder weiß, dass Darius auf Männer steht. »Manchmal fühle ich mich sehr einsam«, sagt er und beobachtet eine Großfamilie, die am Nebentisch darüber streitet, ob es am Wochenende ins Gebirge oder zum Kaspischen Meer geht. Eine eigene Familie mit Kindern wird Darius niemals haben, und gegenüber seinen Eltern muss er eine Maske tragen.

Darius zahlt und verlässt das Restaurant. Dämmerung liegt über der Vierzehn-Millionen-Einwohner-Metropole. In einer von Platanen gesäumten Einfahrt zu einem Fünfzigerjahre-Plattenbau biegt er ein. Darius grüßt eine Nachbarin im *Tschador*, dann schließt er die Tür zu seinem Zwei-Zimmer-Appartement auf. Das einzig Anheimelnde in seiner Wohnung ist ein schwerer Perserteppich auf dem Estrich, ansonsten gibt es nur kahle Wände, einen Schreibtisch, einen Computer. Darius lässt die Jalousien herunter und startet seinen PC.

Abends ist Darius oft alleine zu Hause und chattet mit anderen Schwulen im Internet. Im Iran gibt es unzählige Homosexuellen-Portale, die von der Organisation »Iranian Queer Railroad« von Kanada aus betrieben werden. Manchmal sperrt die iranische Regierung eine Internetseite, dann erscheint ein gelbes Warndreieck auf weißem Grund: Zugriff verweigert. Doch dafür eröffnet an anderer Stelle eine neue Website. Der Gottesstaat kann das weder verhindern noch kontrollieren. In dem Portal, in dem Darius unterwegs ist, sind viertausendfünfunddreißig Schwule allein aus Teheran angemeldet. Jeder Beruf, jedes Alter und jede Gesellschaftsschicht ist vertreten. Selbst in religiösen Hochburgen wie Qom oder Maschad inserieren Homosexuelle, um die große Liebe oder ein schnelles Date zu finden.

Darius klickt auf die Besucherliste seines Profils. Das Passbild eines Jungen mit Locken und einer sympathischen Lücke zwischen den Schneidezähnen erscheint: achtundzwanzig Jahre alt, einen Meter siebzig groß, Architekturstudent, romantischer Sex gesucht. Darius klickt auf den Papierkorb und löscht das Profil. Er möchte kein Abenteuer, sondern eine feste Beziehung, sagt er. Er hat Sehnsucht nach einem festen Partner, jemandem, dem gegenüber er sich nicht verstellen muss. Außerdem sind Affären gefährlich im Alltag. Überall, an jeder Straßenecke kontrollieren die Sittenwächter, ob sich die Menschen gemäß dem Koran verhalten. Manchmal, wenn die Einsamkeit zu groß wird, trifft Darius spontan einen Jungen aus dem Internet. Er verabredet sich irgendwo in einem Schnellimbiss im wuseligen Zentrum von Teheran. Dort, wo zwei Männer nicht auffallen, die mit Blicken und zarten Berührungen flirten. Sich in der Öffentlich zu küssen oder an den Händen zu halten ist ein Tabu, das er nicht einmal im Schutz der Dunkelheit in einem der Teheraner Parks brechen würde, sagt Darius.

Einen Fremden zu treffen ist immer ein Risiko. Er könnte ein Spion der Regierung sein. Darius hat sich deshalb ein Zweithandy zugelegt. Dessen Telefonnummer ist offiziell nicht registriert. Wenn Darius sich nach einem Date unsicher fühlt, wirft er die SIM-Karte weg und ist damit nicht mehr auffindbar. Von der Polizei wurde Darius nie gefasst, aber einmal ist er haarscharf einer Festnahme entkommen. Er war auf einer Feier in Isfahan eingeladen. Sie wurde spät nachts von Revolutionswächtern gestürmt. Alle Gäste wurden eingesperrt, mit Stromkabeln blutig gepeitscht. Anschließend mussten sie unterschreiben, dass sie sich nie wieder mit Homosexuellen treffen würden. Der Gastgeber wurde nur deshalb nicht gehängt, weil der UN-Menschenrat eingriff. »Unter Ahmadinedschad haben die Verhaftungen und Todesurteile zugenommen. Das schüchtert ein. Aber wenn irgendwann die iranischen Schwulen auf die Straße gehen und demonstrieren, bin ich dabei«, sagt Darius.

Paradiesvogel unter Raben

Roxana fällt auf

»Kommt her!«, ruft Roxana einem Touristenpärchen aus Deutschland hinterher, das an einem kleinen Kebab-Laden im Zentrum von Teheran vorbeischlendert. Die Fünfundzwanzigjährige winkt das Paar mit einer Puderquaste in der Hand zu sich heran. Roxana fällt auf. Ihr Gesicht ist geschminkt wie das einer japanischen Geisha. Einen bonbonfarbenem Kussmund und grelle Rotkäppchenwangen hat sie sich gemalt. In ihrem Pony glitzert silbernes Haarspray.

Roxana tritt aus dem Laden heraus in die gleißende Sonne. Dreht sich vor den Touristen wie eine Eisprinzessin. Ihr Glockenrock mit bunten Troddeln am Saum schwingt um ihren Körper. »Ihr seid die ersten Menschen, die sich für mich interessieren«, sagt sie, klimpert mit den fliegenbeinlangen Wimpern und nimmt die Hand der Ausländerin, als suchte sie eine Verbündete. Roxana ist ein Sheboy, ein Mädchenjunge. In einem Land, in dem sich Frauen verschleiern müssen und laut Verfassung halb so viel wert sind wie ein Mann, hat sie sich umoperieren lassen. Vom Mann zur Frau. Jährlich wechseln ungefähr vierhundertvierzig Iraner das Geschlecht. Nur in Thailand ist diese Zahl höher. Roxana hieß früher Arash. Nun steht »Roxana« in ihrem Ausweis. Ein altpersisches Wort für Morgenröte. Roxana mag ihren Namen. »Er klingt nach Neuanfang und

Aufbruch«, sagt sie, und ihre Stimme überschlägt sich vor Aufregung. Roxana und die Touristen betreten den Schnellimbiss. Vier Männer, die bereits bestellt haben, bilden eine Traube um Roxana und die Touristen, zwei schwarz verschleierte Frauen tuscheln. Roxana zupft ihr Kopftuch mit pink lackierten Fingernägeln zurecht und lacht, als ein Teenager in Jeans ein Handyfoto macht. Roxana liebt es, im Mittelpunkt zu stehen. Meistens jedoch meiden sie die Menschen. Ein Mann drängt sich mit seinen Einkäufen an ihr vorbei, rempelt sie versehentlich an. »Ich hätte Angst, mich mit einem Sheboy zu unterhalten«, sagt der Mann leise.

Roxanas Freund Said ist ebenfalls in dem Imbiss. Er beobachtet das Geschehen von seinem Platz am Fenster aus. Der neunundfünfzigjährige Anwalt wirkt mit weit aufgeknöpftem Hemd, Nadelsteifenanzug und übergroßer Gucci-Sonnenbrille in der Elvis-Tolle exzentrisch. Als er hört, dass der Fremde Angst vor Roxana hat, seufzt er: »Typisch. Viele vermuten, dass sie sich nur verkleidet. Dass sie biologisch ein Mann ist, keine Frau. Dann wäre sie ein Transvestit, vielleicht schwul«, sagt er. Transsexualität ist im Gegensatz zur Homosexualität, die mit dem Tode bestraft wird, legal, eine Krankenkassenleistung. Diese verblüffende Tatsache ist Fereydoo Molkara, zu verdanken, einem inzwischen neunundfünfzigjährigem Fernsehtechniker und Krankenpfleger aus Teheran, der von sich selbst sagt, er habe von klein auf gewusst, dass er im falschen Körper stecke. Eine Operation war im Iran der achtziger Jahre unmöglich. Damals ging der Staat mit Transsexuellen noch genauso um wie heute mit Schwulen: Er ließ sie foltern und hinrichten. Fereydoo Molkara war verzweifelt. Tiefgläubig und voller Angst, was aus ihm werden solle, schrieb er Ende der siebziger Jahre einen Brief an Revolutionsführer Khomeini. Als er die Einladung des Geistlichen aus seinem Briefkasten fischte, konnte er es kaum fassen: Er durfte bei der höchsten Instanz des Landes vorsprechen. Er stellte dem bärtigen Gelehrten eine einzige Frage: »Was spricht aus Sicht des Koran gegen Transsexuelle?« Ayatollah Khomeini blätterte in der Heiligen Schrift. Er durchforstete hundertvierzehn Suren nach einer Antwort. Er fand keine. Im Gegenteil: Die Veränderung göttlicher Ordnung gehört zum Alltag der Menschen, lautete seine Erkenntnis. »Wir wandeln Weizen zu Mehl und backen Brot. Der Baum wird gefällt, zu Holz und Stuhl oder Tisch verarbeitet«, erklärt ein anderer Regimevertreter die Toleranz des Gottesstaats gegenüber Transsexualität. Khomeini, der Mann, der niemals zu lächeln schien, war weich geworden angesichts des Schicksals von Fereydoo Molkara. Er erließ eine *Fatwa*, einen Rechtsspruch, der es den Iranern erlaubt, ihr Geschlecht zu wechseln.

Fereydoo heißt nun Maryam Khatoon Molkara. Die Dame mit vollen Gesichtszügen und knallroten Lippen ist Vorsitzende einer iranischen Organisation für Transsexuelle. Im Wartezimmer des Mirdamad Surgical Centers in Teheran sitzen täglich Transsexuelle, die zu Dr. Bahram Mir-Dschalali wollen, einem Spezialisten für Geschlechtsumwandlungen. Darunter viele Homosexuelle, die in einer Operation den einzigen Weg in ein legales Leben sehen. Roxana war zweiundzwanzig Jahre alt, als sie ohne die Zustimmung ihrer Eltern zu

Dr. Dschalali ging. Ihr Freund Said begleitete sie. Er war froh, dass Roxana sich zu einer Operation entschieden hatte, sagt er. Das Leben im Verborgenen hatte durch den Eingriff ein Ende.

Damals war Roxana ein grell geschminkter Mann mit der Seele einer Frau und hieß Arash. Said musste Arash oft aus dem Gefängnis boxen. Immer wieder war der Transvestit von den Sittenwächtern verhaftet und demütigenden Untersuchungen ausgesetzt worden. Man vermutete, dass er schwul ist, sagt Said. Said steckte den Polizisten ein paar iranische Rial zu, versicherte, dass Arash sich nun nicht mehr verkleiden würde. Meistens bekam er ihn gegen eine Geldstrafe frei.

Roxana ist nun auch körperlich eine Frau. Doch sie ist nicht in der Gesellschaft angekommen. Sie fühle sich als Außenseiterin, sagt Roxana und blickt mit Kinderaugen zu Boden. In ihrem kleinen Plastik-Kulturbeutel fliegen Cremetöpfe und Tiegel durcheinander, Wimperntusche und Kajal. Mehrmals am Tag schminkt sie sich neu. Ihr Bedürfnis, aufzufallen und sich gleichzeitig unter einer dicken Schicht Make-up zu verstecken, ist riesengroß. Das beschert ihr oft Ärger. »Als Frau kann zu viel Schminke ein Grund sein, ins Gefängnis zu wandern«, sagt Said und deutet auf eine Kundin im Laden. »Diese Frau macht es richtig: wenig Lippenstift, wenig Lidschatten, das Haar komplett bedeckt.«

Roxana hat keinen Job. Mit ihrem auffallenden Äußeren werde sie auch in Zukunft keinen finden, sagt Said. Roxana nickt. Für einen Moment überschattet Traurigkeit ihr Gesicht. Vor dem iranischen Gesetz mag alles in Ordnung mit ihr sein.

In den Augen der Menschen wird sie nie die Anerkennung finden, die sie sich erträumt hat. Aber
Roxana hat sich daran gewöhnt, ihre Stimmung
zu überspielen. Sie lacht, wirft sich wieder in Pose
und lässt sich fotografieren.

Tagebuch einer Revolution

Teil 1: Wo ist meine Stimme?

Die herkömmlichen Verbindungen zum Iran sind abgerissen. Journalisten vor Ort dürfen nur noch eingeschränkt berichten, und die Telefone der Bevölkerung werden abgehört. E-Mail, *Facebook*, *Twitter* und *YouTube* sind die Medien, mit denen die Iraner im Moment ohne Zensur kommunizieren und den Kontakt zur Außenwelt aufnehmen.

Fardin, neunundzwanzig, lebt in Schiraz, einer Metropole mit mehr als einer Million Einwohner, siebenhundert Kilometer von Teheran entfernt. Der Politikstudent hat E-Mails nach Deutschland geschickt. Es sind Dokumente von Verrat, Willkür und Verzweiflung.

14. Juni 2009, 23:54
Liebe C. Ich schreib dir, weil du wissen musst, was hier geschieht. Ahmadinedschad ist vor zwei Tagen zum Präsidenten gewählt worden. Er bekam 62,2 Prozent der Stimmen, sein Herausforderer Mir Hossein Mussawi erzielte nur 33,8 Prozent. Wie kann das sein? »Wo ist meine Stimme?« steht auf dem Bild, das ich anstelle meines Fotos bei Facebook hochgeladen habe. Freunde von mir haben das auch gemacht. Wir glauben, dass die Wahl manipuliert worden ist, und fühlen uns betrogen. Vielleicht hätte Mussawi die Wahl nicht gewonnen. Aber niemals im Leben hat er so wenig Stimmen bekommen, wie uns die Regierung glauben machen will. Davon bin ich überzeugt. Wo sind unsere Stimmen?

Ich möchte, dass du der Welt berichtest, was hier ge-
schieht. Danke, Fardin

15. Juni 2009, 13:53
Überall auf den Straßen demonstrieren die Menschen
gegen die Politik von Ahmadinedschad und Ayatollah
Khomeini: in Teheran, Isfahan, Yazd, Rascht und Ma-
schad. Ich war auf einem Protestmarsch in Schiraz. Die
Menschen tragen schwarze Kleidung. Grüne Schals und
Spruchbänder flattern im Wind. Grün ist die Farbe von
Mussawi und die Farbe des Propheten. Glaub mir, die
Leute auf der Straße sind friedlich. Alte Frauen, Kinder,
gebrechliche Männer und Studenten wie ich. Aber unter
die Demonstranten mischen sich Polizisten in Zivil. Sie
haben Pistolen am Gürtel, schmeißen Steine und ver-
sprühen Tränengas. Sie zetteln Handgemenge an, so-
dass das Militär eine Legitimation hat, einzugreifen. Ich
sah einen Soldaten, der auf eine etwa fünfundsechzig-
jährige Frau mit einem Stock einprügelte. Ein anderer
Militär warf eine Autoscheibe ein, weil der Fahrer aus
Protest die Hupe drückte. Glassplitter flogen in sein
Gesicht und zerschnitten seine Haut. Er blutete. Die
Kämpfe in Schiraz dauerten bis nachts um drei Uhr an.
Ich habe große Angst, wenn ich draußen bin. Aber ich
kann nicht zu Hause bleiben und mir die Lügen im ira-
nischen Staatsfernsehen anhören. Die Nachrichtenspre-
cher sagen, es gab keine Wahlmanipulation. Die Men-
schen, die für Mussawi und Gerechtigkeit protestieren,
seien Gangster. Wer sind hier die Gangster?

15. Juni 2009, 18:45
Der Geheimdienst hört die Telefongespräche im gan-
zen Land ab. SMS Verschicken funktioniert meistens
auch nicht mehr. Deshalb kann ich nicht mit meinen

Freunden in Teheran oder Isfahan sprechen. Die einzige
Möglichkeit, in Kontakt zu bleiben, sind E-Mails. Über
das Internet informieren wir uns, tauschen uns aus.
Vor allem über Twitter, den Nachrichtendienst, bei dem
man kurze Blogs hinterlassen und abonnieren kann. Ich
lese meistens die Twitter-Meldungen von openiran oder
persiankiwi. Ich halte sie für glaubwürdig. Dort steht,
dass Militärs Samstagnacht die Universität von Isfa-
han stürmten. Die Soldaten brachen die Türen zu den
Schlafräumen auf und verhafteten achthundert Stu-
denten. Siebzig bis hundert von ihnen sitzen nun im
Gefängnis. Keiner weiß, wo sie sind und was mit ihnen
geschehen wird. In Teheran gab es Tote auf der De-
monstration. Das sind laut Twitter ihre Namen:

Fatemeh Barati
Kasra Sharafi
Mobina Ehterami
Kambiz Shoaei
Mohsen Imani

16. Juni 2009, 0:33

Es ist schrecklich. Heute haben die Milizen die Univer-
sität von Schiraz gestürmt und sieben Studenten umge-
bracht. Ich war dort. Ich hatte mich mit Hadi verabredet,
einem Kommilitonen von der Fakultät für Ingenieurs-
wissenschaften. Ich wollte ihn an der Eram Street vor
dem Campus treffen und wartete auf ihn, als eine Grup-
pe von Milizen an mir vorbeilief. Sie rannten auf den
Haupteingang der Uni zu. Drinnen sollten sich die Stu-
denten verbarrikadiert haben, hatte mir Hadi erzählt. Er
war selber in der Uni, als er mir eine Nachricht schick-
te. Nachdem die Polizisten im Gebäude verschwunden
waren, erklangen Schreie, Schüsse, die Explosionen von
Handgranaten. Ich rannte so schnell ich konnte. Vor-

bei an einer Frau, auf die gerade ein Polizist mit einem Stock einprügelte. Ein alter Mann lag auf dem Bordstein. Er war zusammengebrochen, in seinen Händen hielt er eine Gebetskette. Niemand half ihm. Auch ich nicht. Ich rannte weiter zu einem Häuserblock gegenüber vom Campus und klingelte bei einer Freundin an der Tür, die dort in einem Appartement im dritten Stock lebt. Vom Fenster aus beobachteten wir, was draußen auf dem Platz geschah. Ich schicke die Fotos, die ich mit meinem Handy gemacht habe, damit du glaubst, was ich schreibe. Hadi kam aus der Universität gerannt. Er ist der Junge in schwarzer Stoffhose, Turnschuhen und dunklem T-Shirt, den ein Polizist verprügelt. Auf einem der Bilder siehst Du, wie ihm ein Mädchen in einem grünen Mantel helfen will. Sie geht auf den Polizisten zu, der Hadi am Arm gepackt hat, und sagt etwas, ihre Hände gestikulieren. Der Soldat ignoriert sie. Er schlägt weiter auf Hadi ein, dann führt er ihn ab. Hadi wehrt sich, hat aber keine Chance. Ich stand am Fenster und musste zusehen, ohne etwas tun zu können. Ich weiß nicht, was Hadi verbrochen haben soll und wo er nun ist. Am späten Nachmittag rief mich jemand auf dem Handy an. Es war ein Mann, eine unbekannte Stimme. Er sagte, dass ich abends mein Haus nicht mehr verlassen darf. »Wenn wir dich noch mal draußen sehen, wirst du verhaftet«, sagte der Fremde. Ich habe entsetzliche Angst ... Bitte. Bitte erzähl der Welt von den Menschen, die verschwinden. Sie bringen uns um!

16. Juni 2009, 4:40 Uhr

Ich kann nicht schlafen. Ich sitze zu Hause am Schreibtisch und muss weinen. Es ist mitten in der Nacht. Draußen auf den Dächern stehen Menschen und rufen Allahu Akbar – Gott ist groß. Wie damals bei der

Revolution von 1979, als der Schah ins Exil flüchtete.
Die Sprecherchöre klingen gespenstisch in der Stille.
Gleichzeitig enthusiastisch und voller Hoffnung. Es
sind die Stimmen von Verzweifelten und Betrogenen,
die sich nicht zum Schweigen bringen lassen wollen.

17. Juni 2009, 14:05 Uhr
Heute bin ich mit drei Freunden zur Polizeistation in
Schiraz gegangen. Ein dicker Mann in Uniform sagte
uns, er wisse nicht, wo Hadi ist. Hadis Familie macht
sich fürchterliche Sorgen. Der Wächterrat hat heute an-
geordnet, dass ein Teil der Wahlzettel stichprobenartig
nochmals gezählt werden soll. Was soll das bringen? Die
Helfer, die das letzte Mal die Stimmen ausgezählt haben,
machen es nun erneut. Es wird dabei keine objektiven
Beobachter geben. Was macht das für einen Unterschied?

17. Juni 2009, 19:21 Uhr
Vorhin hat mich ein Freund angerufen. Lilian und
der Doktor sind vor einer Stunde in Teheran verhaf-
tet worden. Du erinnerst dich, du hast sie bei deinem
letzten Besuch kennengelernt: Lilian, das Mädchen mit
den schwarzen Haaren, das immer Gitarre gespielt hat.
Und der Doktor, der an der Universität von Teheran
Soziologie unterrichtet. Lilian war gerade in seinem
Appartement im Norden der Stadt, als die Bassidschi,
die Milizen der Regierung, an die Haustür vom Dok-
tor klopften und beide festnahmen. Angeblich soll der
Doktor in irgendwelche politischen Aktionen verwickelt
sein. Vielleicht wurden ihre Telefone abgehört.

18. Juni 2009, 15:31
Keine Nachricht von Lilian und dem Doktor. Hadi ist
frei. Er ist jetzt in einem Dorf in der Nähe von Schiraz.

Er versteckt sich. Die Polizisten waren im Haus seiner Eltern und haben die Satellitenschüssel auf dem Dach zertrümmert. Das passiert hier in jeder zweiten Wohnung. Bei uns waren sie noch nicht, aber wenn ich hier bin, schrecke ich bei jedem Geräusch zusammen.

18. Juni 2009, 16:53
Hier schicke ich dir eine Rundmail. Es ist eine Mail, die das »Student Solidarity Movement« versendet, eine Organisation von Studenten, zu der ungefähr sechshundert Mitglieder aus den verschiedenen iranischen Provinzen gehören.

Ein Bild ist besonders schrecklich. Einer schwangeren Frau wurde während einer Demonstration in Teheran am 15. Juni in den Bauch geschossen. Sie wurde ins Krankenhaus gebracht und operiert. Die Ärzte holten ein totes Kind aus ihrem Bauch. Die Kugel hatte es in den Rücken getroffen. Auch seine Mutter starb kurz nach der Operation. Die Mail sagt auch, wie viele Menschen seit den Protesten nach der Wahl umgekommen sind. Die Zahlen sind nicht gesichert, aber es sollen zweihundertfünfzig Tote sein.

19. Juni 2009, 17:15
Heute hat Ayatollah Chamenei in der Teheraner Universität die Freitagspredigt gehalten. Er sagte, Fehler in der Wahlauszählung seien nicht möglich. Am Ende weinte er. Er sprach zu dem zwölften Imam und sagte: Ich will so sterben, wie du starbst. Er hintergeht die Menschen schon wieder! Ich hasse ihn. Ich hasse ihn wirklich. Der Iran ist kein Ort mehr, an dem ich leben möchte.

21. Juni 2009, 00:30

Trotz des Demonstrationsverbots haben sich heute Tausende auf Teherans Straßen versammelt, um für eine Neuwahl und Mussawi zu demonstrieren. Ich bin mir sicher, dass dabei mindestens zehn Leute umgekommen sind. Ich sah viele Videos auf YouTube. Es ist schrecklich. In Schiraz sind die Straßen voller Soldaten. Aber die Menschen demonstrieren weiter und rufen Parolen: Allahu Akbar – Gott ist am größten. Die Militärs knüppeln jeden nieder, der schwarze Kleidung trägt und nicht so schnell laufen kann wie Jackie Chan.

23. Juni 2009, 6:58

Ich weine. So viele Menschen sind tot. Die Soldaten und das Militär tragen Zivil. Sie haben Waffen. Sie benutzen sie ... überall ... In Schiraz sah ich eine tote Person. Die Militärs zerbrechen die Fensterscheiben der Wohnungen von den Menschen, die nachts auf den Dächern stehen und rufen. Sie sperren alle Menschen ein, die schwarze oder grüne Kleidung tragen. Am Himmel kreisen Helikopter, die irgendeine Substanz auf die Menschen sprühen, die unterwegs sind, ich weiß nicht, was es ist. Ich bin verzweifelt. Was glaubst du? Was wird mit uns geschehen?

25. Juni 2009, 16:25

Ich sehe mir immer wieder das YouTube-Video von Neda an, dem Mädchen, das während einer Demonstration in Teheran erschossen wurde. Die Arme! Sie war erst siebenundzwanzig Jahre alt, ungefähr so alt wie ich.

Wir haben das Informationsministerium angerufen, um zu fragen, wo der Doktor ist. Sie sagten, sie wüssten es nicht. Er wäre nicht verhaftet worden. Das kann

nicht stimmen, denn seine Freundin Lilian war ja da-
bei, als die Polizisten ihn abholten. Es ist eine Taktik.
Sie stellen sich dumm, für den Fall, dass dem Doktor
etwas passiert. Dann gibt es keine Beweise, dass die
Regierung schuld ist.

28. Juni 2009, 17:30
Die Regierung hat acht Angehörige der britischen Bot-
schaft in Teheran verhaftet. Ihnen wird vorgeworfen,
dass sie die Proteste gegen den Wahlbetrug angeheizt
haben. Gerade wurden im Fernsehen Iraner gezeigt, die
während der Demonstrationen festgenommen wurden.
Sie bestätigen die Meldung, dass die Engländer sie zu
den Protesten angestachelt hätten. Ich will nicht wis-
sen, wie oft man sie geschlagen hat, damit sie diese öf-
fentliche Falschaussage machen.

29. Juni 2009, 14:36
Heute hat der Doktor bei Lilian angerufen. Das Ge-
spräch dauerte nur zehn Sekunden. Er sitzt in Evin,
dem Gefängnis, in das politische Gefangene gebracht
und gefoltert werden. Er wusste nicht, dass Lilian in
Sicherheit ist. Kannst du dir vorstellen, wie viele Sor-
gen er sich um sie gemacht hat? Und kannst du dir
vorstellen, wie sehr wir uns um ihn sorgen? Auch seine
Studenten wissen nicht, was sie tun sollen. Er unter-
richtet an der Fakultät für Wissenschaft und Industrie
in Teheran, Ahmadinedschad war einer der Professo-
ren der Uni. Deshalb sind die Direktoren dort sehr po-
litisch, sehr konservativ. Wir vermuten, dass sie dem
Informationsministerium einen Tipp gegeben haben,
um den Doktor verhaften zu lassen. Sie sind mit seiner
politischen Haltung nicht einverstanden – er ist gegen
Ahmadinedschad und für Mussawi. Wir glauben, dass

die auf der Uni ihn loswerden wollen. Das hat mir ein
Freund vom Doktor erzählt.

30. Juni 2009, 11:30

Ich wünschte, ich könnte fliehen. Einfach raus aus dem
Chaos im Iran. Aber kein Land der Welt wird mir eine
Aufenthaltsgenehmigung geben. Hast du aufgeschrie-
ben, was ich dir erzählt habe? Ich vermiss dich, Fardin

Tagebuch einer Revolution

Teil 2: Fardin will auswandern

22. Juli 2009, 17:13
Liebe C. Ob die Revolution vorbei ist, willst du wissen. Schwer zu sagen. In Schiraz geht der Alltag weiter. Die Menschen sind enttäuscht, man sieht es in den Gesichtern. Viele arrangieren sich mit Präsident Ahmadinedschad. Sie wollen vergessen. Die Proteste waren trotzdem nicht umsonst. Der religiöse Führer Chamenei weiß nun, dass viele Iraner gegen seine Politik sind. Alle Welt weiß das. Aber ich kann nicht zehn, fünfzehn Jahre warten, bis es eine neue Regierung gibt. Vergiss uns nicht. Fardin.

24. Juli, 19:58
Ich wünschte, du wärest gestern dabei gewesen. Wir haben ein Konzert im Theater von Schiraz gegeben. Ein Wunder, dass es überhaupt geklappt hat. Obwohl wir traditionelle persische Musik spielen, keinen verbotenen Pop oder Rap, müssen wir uns vor jedem Auftritt eine Genehmigung der Regierung besorgen. Ein paar Musiker und ich haben grüne Kordeln an unsere Trommeln und Lauten geknotet – grün wie die Parteifarbe von Oppositionsführer Mir Hossein Mussawi. Viel mehr als kleine Zeichen des Protests bleibt uns nicht.

27. Juli, 14:10
Alle zwei oder drei Tage hört man, dass Demonstranten im Gefängnis umgebracht wurden. Die Angehörigen

müssen sie identifizieren. Schande über Ahmadined-
schad!

31. Juli, 10:10
Gestern gab es wieder Demonstrationen in Schiraz, Te-
heran und Isfahan. Ich habe mich an die Angst gewöhnt.

1. August, 13:14
Der Professor ist frei. Morgen kommt er nach Schiraz.

3. August, 19:32
Ayatollah Chamenei hat Ahmadinedschad als Präsi-
denten bestätigt. Ich habe das erwartet und fühle mich
schrecklich müde.

8. August, 17:45
Gerade habe ich die Apfelbäume im Garten gegossen.
Es ist heiß in Schiraz, vierzig Grad. Die meiste Zeit
bin ich in der Wohnung und lerne Englisch. Ich will
ins Ausland, mir ist egal wohin, Hauptsache raus hier.
»Du bist jung, du musst gehen!«, sagen meine Eltern
jeden Tag. Sie werden hier bleiben, wie meine Schwes-
tern und der Bruder. Meine Geschwister haben Kinder
und trauen sich nicht, alles aufzugeben. Aber achtzig
Prozent meiner ehemaligen Studienkollegen sind be-
reits fort, sie sind nach Kanada, Amerika oder Deutsch-
land gegangen. Was bleibt dem Land, wenn alle jungen
Akademiker ins Exil gehen?

8. August, 23:12
PS: Vorhin war ich im Eram-Park. Ich werde Schiraz
vermissen. Persepolis, das Grab des Dichters Hafez, die
grünen Alleen und Rosengärten, das ist Iran, wie ich
ihn liebe.

9. August, 22:36
Gerade liefen Nachrichten im Fernsehen. Die Präsidentschaftskandidaten der Opposition, Mussawi und Karubi, sollen vor Gericht gestellt werden. Sie sollen die Demonstrationen angezettelt haben. Lächerlich, was hier passiert.

11. August, 13:45
Kennst du Yahoo Messenger, das Programm, mit dem man chatten kann? Lass uns morgen um fünf dort treffen. E-Mails sind zu unsicher, die Regierung liest mit.

12. August, 17:00 Uhr über *Yahoo* Messenger.

Die Web-Kamera läuft. Fardin sitzt in seinem Zimmer, im Hintergrund scheint die Sonne zum Fenster herein. »Salaam, wie geht es dir?«, sagt Fardin zur Begrüßung. »Der Professor ist in Schiraz und lässt dich grüßen. Er sieht mitgenommen aus und zuckt jedes Mal zusammen, wenn sein Handy klingelt. Er war fünfundvierzig Tage in Haft, wurde jeden Tag verhört, ein paarmal zusammengeschlagen. Sie haben ihm gedroht, ihn jederzeit wieder einsperren zu können.

Du sollst schreiben, dass die europäischen Regierungen sich nicht auf Ahmadinedschads Seite stellen dürfen«, sagt er. »Auf den Demonstrationen in den letzten Wochen haben die Menschen gerufen: Nieder mit Russland! Das iranische Volk wird die Russen lange dafür hassen. Sag den Europäern, dass sie Ahmadinedschads Regierung nicht fördern dürfen. Ich bin später auf einer Party eingeladen. Wahrscheinlich werden wir den ganzen Abend darüber reden, wie wir den Iran verlassen können. Niemand von uns hat Zeit, auf die nächste Revolution zu warten.«

Schwarze Schleier, grüne Fahnen

Der Widerstand ist weiblich

Vor einer braun lackierten Garage in Teheran prügelt ein Polizist eine Studentin zu Boden. Eine Demonstrantin eilt zur Hilfe. Sie zögert keinen Moment, riskiert selber Schläge. Wenige Sekunden später attackiert ein Soldat einen Jungen. Wieder ist es eine Frau, die dazwischengeht. Sie packt den Polizisten an der Jacke und breitet schützend ihre Arme vor den Teenager.

Diese Szene ist in einem verwackelten Amateurvideo zu sehen, aufgenommen aus einem Teheraner Fenster an einem sonnigen Novembertag 2009. Es zeigt einen der vielen Schauplätze der landesweiten Massendemonstrationen ein paar Monate nach Ahmadinedschads angeblichem Wahlsieg. Über Internetplattformen wie *YouTube*, *Twitter* und *Facebook* gelangte das Video vorbei an der Pressezensur in die Öffentlichkeit.

Solche Videos gehören zur Zeit zu den wenigen Informationsquellen über die Lage im Iran, seit ausländische Journalisten nur noch eingeschränkt vor Ort berichten dürfen, wenn überhaupt. Die Filme erzählen von brutalen Revolutionswächtern und zeigen vor allem die mutigen Frauen des Landes. Mütter und Töchter, Hausfrauen und Studentinnen, Religiöse im *Tschador* und Mädchen mit Glitzernagellack gehen gemeinsam auf die Straße. Sie recken Fäuste und Schleier in den Himmel und kämpfen für Reformen. Die grüne Revolution in der Islamischen Republik ist weiblich. Und die siebenundzwanzigjährige Neda Agha-Soltan, deren Tod von einer Handykamera gefilmt wurde, gab dem iranischen Widerstand schon früh ein Gesicht.

»Mein Vater hat mir eine Tasse Tee auf den Tisch gestellt. Er sagte, ich soll vorsichtig sein, was ich im Internet veröffentliche. Sorry, Dad, zu spät!«, schreibt die zweiunddreißigjährige Selma. In ihrem Online-Tagebuch erzählt sie von den Demonstrationen der Opposition. Die junge Frau postet Aufnahmen von prügelnden Revolutionswächtern, Ahmadinedschad beschimpft sie als Tyrannen. Bloggen, das Einstellen von privaten Nachrichten ins Internet, ist verboten im Iran, zahlreiche Blogger sitzen hinter Gittern, ihnen droht die Todesstrafe. Doch Selma will nicht länger schweigen. Ihr Zorn auf die Regierung ist immens. Was kein Zufall ist. Noch mehr als Männer leiden iranische Frauen am Alltag im Iran. Ahmadinedschad nahm den Frauen in seiner ersten Amtszeit als Präsident noch mehr von ihren schon zuvor sehr geringen Freiheiten. Er verstärkte den Einsatz von Sittenwächtern, die aufpassen, ob der Mantel lang genug ist und das Kopftuch richtig sitzt. Er sorgte dafür, dass Frauen Schwierigkeiten im Job bekommen, wenn sie bezahlte Überstunden leisten wollen. Er stellte einen Gesetzesentwurf vor, der Männern die Vielehe erleichtert.

Selma hat ein Bild vom Freiheitsturm auf ihre Homepage gestellt. Das in den siebziger Jahren errichtete Wahrzeichen ist eine architektonische Mischung aus Moschee und Wolkenkratzer. Ein Symbol des modernen Teherans für den Aufbruch in eine neue Zeit. In ihrem Blog beschreibt Selma, wie sie sich auf den Perserteppich legt, Rauchkringel in die Luft bläst und von einer freien Gesellschaft für ihre fiktive Tochter träumt: »Meine Tochter soll ihren Freund auf der Straße küssen können ohne Angst vor Sittenwächtern. Der Wind soll mit ihrem Haar spielen, das Kopftuch ist für sie kein faschistoider Zwang, sondern ein modisches Accessoire. Meine Tochter erlebt, dass Polizisten Kriminelle verhaften, keine Mädchen in engen Jeans. Meine Tochter soll das Leben führen, das ich nicht habe. Dafür kämpfe ich«, schreibt sie.

Selma, die in persischer Literatur promoviert, war zwei Jahre alt, als der Schah ins Exil flüchtete und Ayatollah Khomeini die Islamische Republik ausrief. Ihre Kindheit waren Luftschutzbunker und Bomber auf dem Weg in den Irak, die den Himmel über Teheran verdunkelten. Sie erinnert sich an Witwen, die um ihre Männer weinten. Das Regime hingegen feierte die Gefallenen als Märtyrer. Zum neunten Geburtstag bekam Selma ein Kopftuch geschenkt. Sie musste sich nun auf der Straße verhüllen wie ihre Mutter und ihre Schwester.

»Die Frauen sind die Verlierer der Islamischen Revolution. Der Wunsch nach Veränderung macht sie mutig und stark«, sagt die Exil-Iranerin Behjat Moaali, die Ende der achtziger Jahre als Anwältin in Teheran arbeitete. Sie erlebte, wie nach Khomeinis Machtergreifung die *Scharia*, die islamische Rechtsprechung auf der Grundlage des Korans, Einzug hielt in die persischen Gesetze.

Frauen wurden bereits unter dem Schah traditionell diskriminiert, hatten jedoch auch »westliche«

Freiheiten. Mit Ayatollah Khomeini verschlechterte sich die Lage dramatisch. Nach der *Scharia* ist eine Frau nur halb so viel wert wie ein Mann. Bei Verstößen gegen den Schleierzwang drohen Peitschenhiebe, auf Ehebruch und Homosexualität stehen Steinigung oder der Tod durch Erhängen. In den achtziger Jahren protestierte Behjat Moaali auf den Straßen für Demokratie und Gleichberechtigung. Sie verteidigte als Anwältin zum Tode verurteilte Frauen wie Tara, ein iranisches Dorfmädchen, das sich einer Zwangsehe widersetzte. Ihr lebensbedrohliches Engagement trieb Behjat Moaali 1989 ins Exil nach Deutschland.

Die aktuellen Nachrichtenbilder erinnern an damals. Viele von Behjat Moaalis ehemaligen Kolleginnen – Juristinnen, Frauenrechtlerinnen, Demokratinnen – wurden während der Wahlbetrugs-Demonstrationen verhaftet und in Trakt zweihundertneun des Foltergefängnisses Evin geworfen. Die politische Intelligenz sitzt dort ein in winzigen, grell beleuchteten Zellen und ist der Willkür der Herren des Regimes ausgesetzt, den körperlichen, psychischen und sexuellen Misshandlungen. Auch die Anwältin Shadi Sadr kam nach Evin. Sie wurde im Juli 2009 auf dem Weg zum Freitagsgebet von Milizen des Regimes entführt, verhört und verhaftet. Die Anklage: Mit ihrem Kampf um Frauenrechte wolle Shadi Sadr im Auftrag der USA das iranische Regime stürzen. Ein absurder Vorwurf. »Ich setze mich aus Überzeugung für Frauenrechte ein, nicht, weil es mir jemand befohlen hat«, sagt Shadi Sadr.

Dank massiven internationalen Drucks auch seitens der Bundrepublik kam Shadi Sadr frei.

Sie erhielt im November 2009 die niederländische Menschenrechtstulpe. Doch die Beamten machten der Mutter einer Tochter unmissverständlich klar: Wenn sie ihre frauenpolitischen Arbeiten fortsetzt, kommt sie wieder ins Gefängnis. Shadi Sadr verließ den Iran. Wird die ganze weibliche Opposition mundtot gemacht oder ins Exil getrieben?

Behjat Moaali, die in Kiel das Flüchtlingszentrum REFUGIO leitet, steht im Kontakt zu ihren Schwestern, die in Teheran leben. »Vor ein paar Jahren haben mich die beiden ausgelacht, wenn ich in Deutschland für Freiheit im Iran demonstriert habe. Sie waren der Meinung, das bringe nichts. Heute heißt es: Erzähl der ganzen Welt von uns! Gib uns deine Stimme.«

Via Internet schwappte die grüne Revolution in den Westen. Neue Kommunikationsmedien stärken weltweit die Solidarität der Iranerinnen und damit auch die Opposition im sogenannten Gottesstaat. Von England aus richtete die Comedy-Künstlerin Miriam Elia eine *Facebook*-Seite ein. Darauf rief sie gemeinsam mit Amnesty International dazu auf, die Journalistin Hangameh Shahidi aus der Haft zu befreien.

Hangameh Shahidi war zu den Wahlen in Teheran, um zusammen mit Freundinnen zu demonstrieren. Im Gefängnis wurde sie mit der Ankündigung ihrer eigenen Hinrichtung gefoltert, die dann immer wieder verschoben wurde.

Trotz Berufsverbots, trotz Exils sind Frauen wie Hangameh Shahidi und Shadi Sadr davon überzeugt, langfristig Reformen in der Islamischen Republik erreichen zu können. Dass iranische Frauen Widerstand leisten, ist nicht neu. Schon wenige Wochen nach der Machtergreifung Khomeinis protestierten sie 1979 gegen den Gottesstaat. 1997 wählten sie Chatami, den Liebling der Intellektuellen, der in seinem Amt als Präsident immerhin die Lockerung der Zensur in den Künsten und der Presse bewirkte. 2006 starteten Aktivistinnen die immer noch andauernde Kampagne »Eine Million Unterschriften für Gerechtigkeit« mit dem Ziel, sich gegen frauendiskriminierende Gesetze zu wehren.

2009 schließlich wählten sie Mussawi und gaben damit auch seiner Frau Sahra Rahnaward ihre Stimme. Die Mutter von drei Töchtern ist die ehemalige Dekanin der Frauenuniversität Al Sahra in Teheran und eine selbstbewusste Politologin und Bildhauerin. Sie begleitete ihren Mann zu Massenkundgebungen und hielt mit ihm öffentlich Händchen – im Iran ein Tabubruch. Vor laufenden Kameras zog Sahra Rahnaward gegen den Schleier zu Felde: Es sei »grob und abscheulich«, wenn Frauen von Sittenwächtern zur Verschleierung gezwungen würden. Ihr ist zu verdanken, dass auch Frauen zur Wahl gingen, die andere Kandidaten in ihrem Programm vernachlässigt hatten.

Die junge Generation verbindet ein kollektiver Zorn auf das Regime und die Bereitschaft, sich Gummiknüppeln und Tränengas entgegenzustellen. Die Schwester Behjat Moaalis berichtet, dass Demonstranten während einer Kundgebung im November 2009 von Revolutionswächtern in einen Hinterhalt gelockt wurden. Die Milizen trieben sie in eine Sackgasse, riegelten die Straße ab und prügelten auf sie ein. Die Schwester kam mit blauen Flecken nach Hause. Sie hatte Schmerzen, trotzdem sagte sie: »Ich würde mich schämen unter so vielen Verletzten und Toten, für eine geschwollene Hand zum Arzt zu gehen. Ich bin froh, wenn ich etwas dazu beitragen kann, dass im Iran endlich etwas passiert!«

Die letzten Christen im Gottesstaat

Armenisches Leben in Teheran

Fahl und blass hängt die Mondsichel am Himmel, ihr Licht zu schwach, um die schmale Gasse im Zentrum von Teheran zu beleuchten. Doch Awad, fünfundsechzig, kennt den Weg. Vor einem unscheinbaren Bungalow mit der Nummer eins bleibt er stehen. Er fährt sich durch das silbergraue Haar, knöpft den Kaschmirmantel auf und drückt auf die Klingel. Mit einem Summen springt die schwere Stahltür auf.

Kein Schild, keine Leuchtreklame weist darauf hin, dass hier der Armenische Club von Teheran residiert. In dem eleganten Restaurant trifft sich die christliche Gemeinde der Hauptstadt, die überwiegend aus Armeniern besteht. Frauen legen den obligatorischen Schleier ab, und die Gäste trinken Bourbon Whiskey aus tulpenförmigen Gläsern. Botschafter, Diplomaten und Geschäftsleute finden im Armenischen Club eine luxuriöse Parallelwelt zum lauten, orientalischen Alltag. Für Muslime ist der Zutritt verboten.

Awad geht in einen kleinen Innenhof mit verwittertem Steinfußboden. Zierspargel rankt in Tontöpfen, und unter eine Stechpalme döst eine graue Katze. In einem Kabuff mit Fenster sitzt ein Pförtner. Er blickt kurz von seiner Zeitung auf und erwidert Awads Gruß mit einem Lächeln in den Augen. Die beiden kennen sich seit Jahren. Awad ist einer von sechzigtausend Christen, die in Teheran leben. Doch er ist Stammgast im Armenischen Club und gehört inzwischen genauso zum Inventar wie der altmodische Schreibtisch des Portiers.

Der Hof gleicht einer Zeitschleuse von der Gegenwart in die Vergangenheit. Er führt in die sechziger Jahre. Damals gab es an jeder Straßenecke schicke Bars und Restaurants wie den Armenischen Club. 1979 ließ Ayatollah Khomeini Lokale schließen, in denen Alkohol getrunken und nicht religiöse Musik gespielt wurde. Er wollte den Iran von allen westlichen Einflüssen säubern. Zu dieser Aktion gehörten auch Repressalien gegen Christen. Khomeini schaffte den christlichen Religionsunterricht ab und sorgte dafür, dass armenische Kulturvereine ihre Veranstaltungen beim Ministerium für Islamische Führung anmelden müssen. Mit Ahmadinedschad als Präsidenten hat sich die Situation für religiöse Minderheiten weiter verschlechtert. Viele Armenier verlassen deshalb das Land und suchen ihr Glück in Amerika, Kanada, Europa. Awads Sohn ist bereits ausgewandert und lebt in Los Angeles.

Awad stößt mit beiden Händen eine mächtige Schwingtür auf, die beim Öffnen auf einem roten Perserteppich schleift. Er betritt das Entree. Meterhoch streben die Wände in die Höhe. Kristalllüster und Kandelaber werfen ein weiches Licht auf Tapeten aus Goldbrokat. Vor einem Jugendstilkamin stehen Clubsessel aus gepolstertem Leder. Zu Weihnachten schmücken die Armenier hier ihren Tannenbaum mit bunten Kugeln und dem Stern von Bethlehem. Awad geht in die Mitte des

Foyers. Ein Garderobier, ein älterer Herr in grauem Livree, eilt herbei und nimmt ihm den Mantel ab. Der Holzboden knarrt unter seinen Schritten. Ein Stockwerk tiefer befindet sich der Festsaal des Hauses. Die Christen nutzen ihn vor allem zu Ostern und zu Weihnachten. Das Stäbchenparkett ist an manchen Stellen rau und matt gescheuert von tanzenden Schuhen, von Pumps und italienischen Lederslippern. Die Chefin des Restaurants kommt aus der Küche und geht mit ausgebreiteten Armen auf Awad zu. Sie ist eine zierliche Dame in schwarzem Hosenanzug. An ihren Ohrläppchen schimmern Perlen, und das dunkelbraune Haar trägt sie kurz geschnitten wie Audrey Hepburn. Die beiden küssen sich zur Begrüßung leicht auf die Wangen, dann begleitet sie Awad in einen großen Raum, in dem ungefähr zehn Tische eingedeckt sind mit zartrosa Decken, Stoffservietten und schlichten Porzellantellern. Die kleinen Mineralwasserflaschen aus Plastik vor jedem Teller entsprechen dem üblichen Standard in iranischen Restaurants. Im Salon sitzen bereits Awads Freunde, sechs ältere Männer in teuren Anzügen. Ein Herr, dem die Hosenträger auf seinem melonenförmigen Bauch spannen, klopft auf den Stuhl neben sich. »Awad, alter Junge! Setz dich!«, ruft er mit heiserer Stimme. Awad lässt sich in das Sitzpolster fallen und nimmt die Speisekarte von einem Kellner mit weißen Handschuhen entgegen. Mit den Fingern fährt er über die Auswahl an Gerichten, auch wenn er sie längst auswendig kennt: Cordon bleu, Spaghetti Bolognese, gedünsteter Fisch. Awad bestellt ein Kalbsschnitzel Wiener Art. Internationale Spezialitäten wie diese sind schwer

zu bekommen in Teheran, selbst Spitzenlokale in
großen Hotels bieten oft nur Kebab in allen möglichen Variationen an. Europäische Küche hingegen steht für Exklusivität und das Bekenntnis zu
einem westlichen Lebensstil, dem sich die iranischen Christen verbunden fühlen.

Awad holt einen Flachmann aus der Innenta-
sche seines Sakkos. Bernsteinfarben fließt Whiskey
in ein Wasserglas. Die Kellner, die runde Silber-
tabletts auf den Fingerkuppen balancieren, dürfen
keinen Alkohol ausschenken, das wäre ein Verstoß
gegen die islamischen Gesetze. Doch niemand be-
schwert sich, wenn er mitgebracht wird, im Gegenteil. Awad prostet seinen Freunden zu: »Auf
die letzten Armenier von Teheran«, ruft er. Gläser
klirren, alle trinken. In einer Ecke des Salons wiegt
der Bar-Pianist seinen Kopf im Takt der Musik. Er
hält die Augen geschlossen und lächelt geheim-
nisvoll. Voller Hingabe entlockt er dem Keyboard
samt Begleitautomatik armenische Volksweisen.
Die Armenier lieben die musikalische Erinnerung
an die Heimat, in der die meisten von ihnen nie
gelebt haben. Armenien und Iran sind seit Urzei-
ten miteinander verbunden. Bis 500 vor Christus
gehörte die heutige iranische Provinz Aserbaid-
schan zu Armenien. Die Probleme zwischen beiden Völkern begannen erstmals, als die Armenier
den christlichen Glauben annahmen.

»Wie geht es deinem Sohn?«, fragt Awads
Nachbar, ein Herr mit Schnurrbart, Goldrand-
brille und einem Hemd aus violettfarbener Seide.
Awad strahlt. Als hätte er auf diese Frage gewar-
tet, zieht er ein Lederportemonnaie aus seiner Hosentasche und holt ein Foto heraus. Darauf freut

sich ein etwa sechsundzwanzigjähriger Mann über den viereckigen Doktorhut auf seinem Kopf. Awads Sohn hat in Los Angeles Jura studiert und gerade seine Ausbildung beendet. Nun möchte er mit Freunden eine Kanzlei eröffnen, erzählt Awad. Wenn Awad von seiner Familie spricht, huscht ein Aprilwetter über sein Gesicht, Freude und Melancholie wechseln einander in Sekundenbruchteilen ab. Awad ist stolz auf den Sohn und seinen Neustart in Amerika, und doch vermisst er ihn. Genauso fehlt ihm seine Frau, die den Sohn ins Ausland begleitet hat. Sie hat sich so sehr an die Sonne in Kalifornien und zarte Sommerkleider gewöhnt, dass sie dort bleiben möchte. Auf das Land der Mullahs und Ganzkörper-*Tschadors* kann sie verzichten, sagt Awad. Es gab eine Zeit, da hoffte Awad, die beiden kämen zurück, und der Sohn träte in seine Fußstapfen. Doch daraus wird nichts. »Es ist wie eine Epidemie. Die Armenier gehen in die USA, nach Kanada, Europa, Hauptsache, sie kommen raus aus dem Iran«, sagt Awad und schwenkt den Whisky im Glas. Es ist der islamische Alltag, der die Jugend zur Ausreise treibt. Der Schleierzwang, die verbotenen Partys, die Isolation des Landes und nicht zuletzt die Politik von Präsident Ahmadinedschad. Durch ihn hat sich die Lage für religiöse Minderheiten weiterhin dramatisch verschlechtert. 2009 wurden Kirchen geschlossen, in denen Prediger den Gottesdienst auf Persisch abgehalten haben. Zwei Blogger, die Bibelzitate ins Internet gestellt hatten, sind verhaftet worden. Die iranischen Machthaber befürchten, die Christen könnten die Muslime im großen Stil missionieren, und das ist gesetzlich verboten.

Die Folge ist, dass sich die Christen nicht mehr sicher fühlen. Offizielle Statistiken darüber, wie viele Armenier heute im Iran leben, gibt es nicht. Schätzungen zufolge sind es zweihunderttausend, andere nennen pessimistischer hunderttausend. Tendenziell nimmt die Zahl in jedem Fall ab.

Nach dem Essen geht Awad in ein Separee, in dem Zigarrenrauch in dicken Schwaden durch die Luft wabert und Vanilleduft verströmt. Der Unternehmer lehnt sich in einen braunen Ledersessel zurück und lässt den Abend ausklingen. Von dem Trubel draußen auf der Straße, den hektischen Hupkonzerten und flackernden Neonlichtern an Imbissstuben, ist hier nichts zu spüren. Awad zieht bedächtig an seiner Zigarre. Ihm geht es gut, das spürt man. Wie die meisten Armenier im Iran hat Awad es zu Wohlstand gebracht. Er lebt in einem Appartement mit Panoramablick auf das Elburs-Gebirge. An den Wochenenden fährt er mit der Seilbahn auf den Tochal, den Hausberg der Stadt, und geht wandern oder Skilaufen. Er hat sich mit dem Gottesstaat arrangiert und würde niemals ein kritisches Wort über das Regime verlieren, im Gegenteil: »Sie sind sehr gut zu uns«, sagt Awad, wenn man ihn fragt, was er von der Regierung hält. Er sagt es mit verschwörerisch leiser Stimme. So, als hätte er Angst, jemand könne ihn belauschen. Dann schwärmt er von den Sehenswürdigkeiten des Landes. »Persepolis, Alexander der Große hat es zerstört, haben Sie schon die wundervollen Ruinen von Persepolis gesehen?«

Sonntagnachmittag in Teheran. Wie eine Blechlawine schwappt der Verkehr über die Highways der

Stadt. Auf dem Großen Basar im Zentrum wandern Teppiche und Petersilie über Ladentheken. Awad geht zum Mittagessen ins Naderi, ein Lokal, das nicht weit vom Club entfernt ist. Teherans berühmtestes Intellektuellencafé aus der Schahzeit wird von Armeniern geführt und ist heute immer noch so beliebt, dass Fans eine Internetseite bei *Facebook* eingerichtet haben. Früher war das Naderi in einem maurischen Palast untergebracht, vor dessen Eingang Cadillac-Limousinen parkten. In den siebziger Jahren brannte das Hotel ab. Heute ist das Naderi ein etwas heruntergekommener Plattenbau mit vergitterten Glastüren, eingekeilt zwischen Kebab-Buden und Juweliergeschäften. Wer eintreten will, muss vorbei an einem Jungen, der jeden Morgen auf dem Bürgersteig eine Wolldecke ausbreitet und Comichefte verkauft. Von außen erinnert nichts an die ehemalige Pracht des Hauses, doch durch die Lobby schwebt immer noch der Glamour der Vergangenheit. Dort steht ein verschnörkeltes Biedermeiersofa auf einem Flickwerk alter Perserteppiche, und ein Strauß getrockneter Astern bildet mit einem schwarzen Wählscheibentelefon ein malerisches Stillleben. Awad betritt das Restaurant, das sich neben dem Eingang zum Hotel befindet. Es besteht aus zwei Räumen und ist eine Mischung aus italienischer Eisdiele und Pariser Kaffeehaus. Kellner in weinroten Uniformen tragen Platten mit dampfenden Hähnchenspießen zu den Tischen. An der Kuchenvitrine bestellt eine junge Frau Biskuitrolle mit Himbeerglasur. Ein kleines Mädchen an ihrer Hand springt auf und ab und zeigt auf die Schokoladentörtchen. Das Lokal hat sich nach der Islamischen Revolution seine europäische Atmosphäre bewahrt. Nur im reichen Norden gibt es anstelle der allgegenwärtigen Teehäuser westliche Cafés, sie allerdings gleichen internationalen Ketten wie Starbucks und haben kaum persönliche Atmosphäre.

Awad setzt sich an einen Fensterplatz und bestellt ein einfaches Fleischgericht mit Reis, dazu einen Kaffee, der so stark ist, dass das Herz nach dem Trinken schneller klopft. Für ihn ist es eine Tradition, sonntags sein Mittagessen im Naderi einzunehmen. Er beobachtet das Treiben und plaudert hin und wieder mit den Kellern über alte Zeiten. Sein Blick geht durch ein Sprossenfenster nach draußen. Dort, hinter der Terrasse, ist ein verwilderter Garten, vor dem ein kniehohes Absperrseil gespannt ist. Ein junges Pärchen ist zu sehen. Der Junge drängt sich dicht an das Mädchen, das über ihren Schleier die Kapuze eines Sweatshirts gezogen hat. Ihre Schultern berühren sich fast. Wie auf ein unsichtbares Kommando hin steigen die beiden über das Seil und laufen in den Schatten einer Pinie. Sie wollen ungestört sein. Ein Hotelangestellter sitzt vor dem Toilettenhäuschen des Cafés auf einem Plastikstuhl. Er ist aufmerksam geworden und springt mit einem Satz auf. Kommt her, sofort!, gestikuliert er. Wie zwei ertappte Ladendiebe schleichen sie mit hängenden Köpfen zurück. Seit mehr als dreißig Jahren ist der Garten des Hotel Naderis geschlossen und zieht gerade deshalb die Gäste magisch an. Immer wieder wollen Besucher während ihrer Rauchpausen im Freien das Stück Grün erkunden. Dort wachsen Kiefern in den Himmel, und Blätter treiben auf der Wasseroberfläche eines tür-

kisfarbenen Bassins. Neben einem Busch Oleander trägt eine verwitterte Venusstatue ein Kleid
aus Moos und Gräsern. Ein verwunschener Ort im
Dornröschenschlaf. Awad hat die Vertreibung der
Teenager aus dem Garten beobachtet und seufzt.
»Niemand darf den Garten betreten, weil der Hotelbesitzer Angst vor Prostitution hat. Hier sind
einfach zu viele starke schöne Frauen, die sich
nichts vorschreiben lassen und sich freizügig klei-
den. Die Männer könnten auf dumme Gedanken
kommen, wenn der Garten geöffnet ist«, sagt er
und deutet mit dem Kopf kaum merklich zum Nebentisch. Zwei Mädchen sitzen dort. Ihre Seiden-
tücher rutschen fast vom Haar, eine von ihnen hat
den Pony blondiert und zu einem Nest toupiert.
Kirschrot glänzen ihre Lippen. Für iranische Ver-
hältnisse ist sie eine aufreizende Erscheinung. Ob
im Café Naderi tatsächlich Frauen als Prostituierte arbeiten oder ob diese Vorstellung einer Män-
nerfantasie entspringt, lässt sich nicht sagen. Das
Gerücht hält sich jedenfalls hartnäckig. Im Naderi
treffen sich Künstler, Schriftsteller und Journalisten, die kritisch über das Regime sprechen. Wäre
der Garten geöffnet, käme dies einer Einladung
zum Versteckspiel gleich, und es gäbe vermutlich
jede Menge Polizeirazzien, sagt Awad. Die Erinnerung an die Vergangenheit lässt ihn seufzen. Vor
der Islamischen Revolution war der Garten die
Sommerfrische der Armenier. Französische und
italienische Designer veranstalteten hier Mode-
schauen. In einem blau bemalten römischen Tem-
pel, von dem heute der Putz blättert, traten kleine
Kapellen auf. Sie spielten Jazz oder die neuesten
Schlager, und die Gäste tanzten eng umschlungen

zur Musik. Politische Schriftsteller hielten flammende Reden, etwa der Autor Jalal Al-e Ahmad, der Mossadeghs Gedanken befürwortete, dass der Iran sein Öl unabhängig vom Ausland verwalten soll. Eine sprudelnde und intellektuelle Atmosphäre herrschte damals im Naderi.

Der Kellner stellt einen Teller mit Reis und Hähnchen auf den Tisch und reißt Awad aus seinen Gedanken. Wie jedes Mal schmeckt es Awad. Kennt er den Koch des Naderi? Nein, den hat er noch nicht getroffen, sagt Awad.

Ein halbes Stockwerk tiefer, im Bauch des Naderi. Auf Mhers Stirn bilden sich kleine Schweißtropfen. Dampf steigt in der kleinen Küche auf wie in einem türkischen Hamam. Mher beugt sich über ein Wasserbecken. Mit einem Lappen spült er eine Porzellantasse, die ein Streublümchenmuster ziert. Sie zerbricht fast in seinen kräftigen Händen. Mher ist Armenier und Anfang dreißig. Groß wie ein Grizzlybär, sieht er aus, als hätte er ein großes, weiches Kissen unter sein T-Shirt gestopft. Nebenan, im anderen Zimmer, flucht der Koch: Wo sind die Zwiebeln, wo steckt der Kellner? Mher schüttelt sich, als wollte er die Stimme loswerden wie ein lästiges Insekt. Mher ist für die Teller zuständig, sonst nichts. Wenn man ihn fragt, ob er das Essen im Naderi mag, sagt er: »Ich würde das Fleisch anders würzen. Ein Hauch mehr Pfeffer, vielleicht Koriander.« Mher ist gelernter Koch. Er kennt das Geheimnis von zarten Lammkeulen und butterweicher Hühnerbrust. Er weiß, wie der Reis zu einer goldgelben Knusperhaube kommt, und er sieht sofort, wenn eine Aubergine noch nicht reif ist. Doch Mher ist Tellerwäscher und wird es bleiben. »Ich spüle, bis mir irgendwann Schwimmhäute an den Händen wachsen«, sagt er. Als Christ darf Mher nicht für Perser kochen, denn Christen gelten im Iran als unrein und Lebensmittel, die sie anfassen und zubereiten, ebenfalls. Manchmal, wenn der persische Koch Gemüse schneidet und alles um sich herum vergisst, berührt Mher das Fladenbrot. »Ich fasse es einfach an, einmal, zweimal, dreimal«, sagt er und freut sich wie ein Kind, das der Mutter einen Streich spielt. Er lacht, statt zu weinen. Denn eine Anstellung als Koch und damit ein höheres Gehalt und gesellschaftliches Ansehen wird er nicht in Teheran finden. Einmal hat Mher versucht, sich im Armenischen Club vorzustellen. Er kam nur bis zum Pförtner. Der musterte ihn kritisch. Warf Mher einen strengen Blick unter buschigen Augenbrauen zu. Deutete mit seinem Zeigefinger auf die verwaschene Jeans, schnalzte mit der Zunge und sagte: Nein. Mher durfte den Armenischen Club nicht betreten, er ist bereits an der Arroganz des Türstehers gescheitert. Mher weiß nicht, ob er nicht doch eine Chance gehabt hätte, doch er arrangiert sich schnell mit Verboten und Gesetzen. Die Islamische Republik hat ihm dieses Verhalten beigebracht.

Die Wanduhr zeigt fünf Uhr nachmittags, Zeit für den Schichtwechsel. Mher reibt die Hände mit einem Flanelltuch trocken und geht zu einem Metallspind. Dort tauscht er sein altes T-Shirt gegen ein frisches aus. Mit raschen Handbewegungen bringt er ein wenig Ordnung in die herausgewachsene Frisur, dann tritt er ein paar Treppenstufen hinauf ins Freie. Luft, endlich frische Luft. Über den

Spitzen der Pinien ballen sich dunkelgraue Wolken zusammen. Regen kündigt sich an. Mher geht auf einem schmalen Kiesweg zwischen Garten und Café zum Wachmann, der das abgesperrte Stück Grün bewacht. Nun ist Mher an der Reihe aufzupassen. Mher arbeitet täglich bis zu zehn Stunden im Naderi. Ein sorgloses Leben garantiert ihm das allerdings nicht. Er wohnt zusammen mit seiner Mutter in einem Zwei-Zimmer-Appartement im Zentrum von Teheran. Nach dem Job ist er meistens zu erschöpft, um sich mit Freunden zu verabreden. Er guckt Fernsehen oder surft im Internet. Manchmal, ganz selten, geht er in den Ararat Sportkomplex, einen Club mit Bar, in dem sich die armenische Jugend vergnügt.

Mher blickt ins Café, in dem die Gäste den Feierabend einläuten. Ein Mann mit nach hinten gegeltem Haar und aufgeknöpftem Hemd tuschelt seiner Nachbarin etwas ins Ohr, ihr Lachen kullert durch den Raum. Geschirr klappert, und irgendwo fällt eine Tasse zu Boden. »Der da vorne, der arbeitet beim Kulturministerium«, sagt Mher und zeigt auf einen etwa fünfzigjährigen Mann, der mit halblangen Haaren wie ein Indianer aussieht. Mher steht so weit unter ihm in der gesellschaftlichen Hierarchie, dass er ihm nicht einmal einen Kaffee bringen dürfte. Mhers Mutter hat als Putzfrau gearbeitet. Sie ist eine fromme Frau und besucht regelmäßig den Gottesdienst in der St. Sarkis Kathedrale. Die Kirche ist eine von zehn in der iranischen Hauptstadt, ein weiß getünchtes kantiges Gebäude, das 1964 im Zentrum von Teheran errichtet wurde. Mher begleitet seine Mutter so gut wie nie zur Andacht. Er ist nicht sonderlich religiös, doch der Alltag erinnert ihn immer wieder daran, dass es der Glaube ist, der ihn zu einem Außenseiter in der sozialen Ordnung macht. Staatliche Einrichtungen dürfen Nicht-Muslimen keine Jobs geben, und armenische Geschäfte müssen Schilder in ihre Schaufenster hängen, die kennzeichnen, dass der Laden einer religiösen Minderheit gehört. Die Glaubenszugehörigkeit zum Christentum ist ein von Weitem sichtbares Stigma.

Sechs Uhr abends. Ein langer Arbeitstag geht zu Ende. Ein Keller wienert die Küchenvitrine mit einem Lappen, Mher stellt den Stuhl unter das Blätterdach eines Baumes. Er streckt sich und holt seine Sachen. Dann geht er durch das Café auf die Straße. Ein paar Regentropfen lösen sich aus einem grauen Himmel. Mher zieht eine Zeitung aus seiner Umhängetasche und hält sie über den Kopf. Er wirkt wie jemand, der Schutz braucht.

Auf der anderen Seite

Peugeots hüpfen wie Springmäuse über die Fahrbahn. Motorräder schneiden Bussen den Weg ab.
Japanische Geländewagen sichern sich mit chrom-
blitzenden Kühlerhauben das Revier. Dreieinhalb
Millionen Autos sind jeden Tag auf Teherans Straßen unterwegs, und sie fahren genau an der Stelle vorbei, an der ich gerade stehe. So zumindest
kommt es mir vor. Ich bin an grüne Ampeln gewöhnt. Reihenhaussiedlungen mit Tempo-drei-
ßig-Zone und Zebrastreifen, über die Kinder mit
dem Fahrrad radeln. Lieber laufe ich zehn Kilometer zu Fuß, als diese vierspurige Straße zu überqueren. Auch wenn auf der anderen Seite der Tulpenpark lockt. Eine grüne Oase, in der Fontänen
kleine Regenbogen in die Luft zaubern und Ma-
gnolienbäume blühen. Der Ort erscheint mir wie
das Paradies: unerreichbar fern.

Tärafik, wie Einheimische den Verkehr im Iran
nennen, gleicht Russischem Roulette und beschert
selbst asienerprobten Touristen Nahtod-Erlebnis-
se. Das schreibt der »Lonely Planet«, der Reiseführer, mit dem sich die wenigen Abenteurer aus
dem Ausland durch die Stadt kämpfen. Seit dem
20. Jahrhundert zerlegen schnurgerade Straßen
die Hauptstadt in ein Schachbrettmuster, doch die
Geometrie der Bauplaner verliert sich im Chaos
der Karosserien.

Die Iraner lieben Autos. Sie erledigen sogar

den Einkauf beim Bäcker um die Ecke mit ihrem rostigen Paykan, dem Nationalvehikel des Landes und Wesensbruder des ostdeutschen Trabbis. Aber Benzin ist ein knappes Gut. Die Raffinerien stellen vierzig Millionen Liter Benzin her. Die persischen Motoren verbrauchen täglich siebzig Millionen, also bald doppelt so viel. Präsident Ahmadinedschad ließ deshalb den Kraftstoff rationalisieren. Hundert Liter dürfen die Iraner seitdem pro Monat tanken. Das reicht für den Weg zur Arbeit, nicht aber für ausgedehnte Spritztouren in die Berge oder ans Kaspische Meer. Die Teenager protestierten. Sie warfen Steine auf Zapfsäulen und steckten Busse in Brand. Das Auto ist für sie ein Ort der Zuflucht. In der religiösen Diktatur des Iran leben sie ihre Sehnsucht nach Freiheit und Selbstbestimmung in Hupkonzerten aus, rasanten Überholmanövern und gemütlichen Spazierfahrten.

Ein froschgrüner Peugeot rauscht vorbei. Aus seinen geöffneten Scheiben hört man »Like a Virgin« scheppern, den Achtziger-Jahre-Hit von Madonna. Der Fahrer ist ein Junge mit zu Igelspitzen gegeltem Haar. Er hat den Song illegal aus dem Internet heruntergeladen oder bei einem Schwarzhändler gekauft, denn westlicher Pop ist im Iran verboten. Selbst einer der beiden Verkehrspolizisten, die mitten auf der Fahrbahn stehen, wippt für einen Moment im Takt der Musik. Würden die Ordnungshüter dafür sorgen, dass alle islamischen Regeln und Verbote befolgt werden, würde gar nichts mehr funktionieren. Deshalb schauen die Polizisten nicht so genau hin. Sie übersehen auch den Macho mit einer dicken Goldkette um den Hals, der den Fuß vom Gas genommen hat. Er flirtet ein Mädchen im Wagen auf der anderen Spur an. Sie erwidert seinen Blick, bis sich ein roter Twingo zwischen die beiden drängelt und dem verbotenen Speed-Dating ein Ende setzt.

Eine Ampel, eine Fußgängerbrücke? Fehlanzeige. Gäbe es irgendwo einen Zebrastreifen, er wäre unsichtbar unter den Reifen, die über den Asphalt brettern. Doch selbst auf der Straße flanieren Fußgänger. Fünf Studentinnen mit Softeis in der Hand spazieren durch das Verkehrschaos. Zwei von ihnen recken ihre Nasen in die Luft, auf denen weiße Pflaster prangen. Als eine Gruppe Motorräder wie ein Schwarm Hornissen auf die Mädchen zuheizt, schlendern sie einfach weiter. Eine Kühlerhaube, die ihre Jeans fast berührt, lässt sie nur kurz aufschrecken. Wohlbehalten erreichen die Mädchen den Bürgersteig und verschwinden durch einen Torbogen im Garten auf der anderen Seite.

Ich traue mich nicht, immer noch nicht. Wer in Teheran lebt, braucht Gottesglauben, sagt eine persische Bekannte. Nun verstehe ich, was sie meint. Ich schicke ein Stoßgebet zum Himmel: *Inschallah*, so Allah will, werde ich es schaffen. *Inschallah*, wird der Krankenwagen nicht in einem der Staus stecken bleiben, die alle Straßen verstopfen. An einer grauen Wand im Häusermeer neben dem Park klebt ein Plakat. Darauf abgebildet ist das überlebensgroße Antlitz des Revolutionsführers Khomeini. Er blickt mitleidsvoll auf mich herab. »Du hast nichts begriffen«, scheinen seine Augen zu sagen. Mein Gottvertrauen reicht einfach nicht aus, um mich in den Verkehr zu stürzen.

Zwanzig Minuten vergehen. Ich fühle mich, als würde ich Ruß aus einem Schornstein inhalieren. Katalysatoren werden im Iran zwar empfohlen, sind aber keine Pflicht, und das Benzin ist billig. Ein Liter Kraftstoff kostet an der Tanksäule weniger als zehn Cent. Der Preis liegt damit weit unter dem der Herstellung. Autofahren kann sich im Iran jeder leisten, und jeder macht es auch.

In den Villenvierteln an den Ausläufern des Elburs-Gebirges zeigen Digitaltafeln an, wie stark der Smog über Teheran ist. Dort, im Norden der Stadt, ist die Luft klar und frisch. Über breite Boulevards kutschieren französische Limousinen, und von den Bergen weht ein frischer Wind herüber. Anders im chaotischen Zentrum, wo ich mich befinde. Eine Minute atmen füllt die Lunge angeblich mit dem Gift von neun Zigaretten, hundertzwanzig Menschen sterben angeblich täglich an den Folgen der Abgase,.

Neben mir taucht ein Mullah auf. Ein seltener Anblick in Irans Hauptstadt, in der viele Moscheen leer und die Shoppingmalls vom Geräusch klackernder High Heels erfüllt sind. Mit seinem weißen Turban und einem Gewand, das bis auf seine Lederpantoffel fällt, wirkt der Mullah, als könnte er den Verkehr teilen wie einst Moses das Wasser. Mit krummem Rücken stützt er sich auf einen Gehstock. Das ist es! Ich werde in seinem Windschatten die Straße überqueren. Der Mullah geht los. Ich folge ihm. Stoße fast mit ihm zusammen, so dicht dränge ich mich an den bärtigen Mann. Er ist nur einen Meter weit gelaufen, da klingelt sein Handy. Unvermittelt stoppt der Geistliche und hält das Telefon ans Ohr. Das andere hält er mit der

Hand zu, um seinen Gesprächspartner trotz der quietschenden Reifen hören zu können. Hupende Autos umzingeln uns. Vor Schrecken schließe ich die Augen und wünsche mir, ich könnte mich in den Park beamen. Als ich die Augen wieder öffne, steht der Mullah auf der anderen Straßenseite. Ich hüpfe vorsichtig zum Bordstein zurück.

Ein paar Bauarbeiter haben das Schauspiel beobachtet und lachen hinter meinem Rücken. Ich krame in meiner Umhängetasche, als suchte ich nach einem Stadtplan. Jetzt bin ich richtig genervt: von der Hitze, dem Lärm und meiner Angst, die ich aus dem gemütlichen Europa mitgebracht habe. Es ist heiß, sehr heiß. Durch die Dunstglocke sticht die Sonne vom Himmel herunter und legt langsam mein Bewusstsein lahm. Ich will in den Park, denke ich fast wie in Trance, und gehe los. Zuerst ängstlich, wie eine Aufziehpuppe und mit hochgezogenen Schultern. Autos fahren um mich herum. Sie bremsen, halten an und starten wieder mit röhrendem Motor. Langsam gewöhne ich mich an den Verkehr. Tauche ein in den Rhythmus des *Tärafiks*, der rasant ist, aber nicht rücksichtslos. Ich wirble vor den roten Peugeot, dessen Duftbaum am Rückspiegel Pirouetten dreht. Lächle einen Taxifahrer an, der mich zu sich winkt und mitnehmen möchte. Hebe entschuldigend die Hand, als ich vor der Windschutzscheibe einer jungen Frau stehe wie ein Schaf, das seine Herde verloren hat. Wie ich es geschafft habe, weiß ich nicht so recht. Aber ich stehe wohlbehalten auf der anderen Seite.

Azads Reisen

Keine Anti-Amerika-Stimmung in Teheran

Azad trägt einen olivgrünen Parka, der nach Berlin-Mitte aussieht, und ist auf dem Weg zu einer Anti-Amerika-Demonstration, die vor der ehemaligen Botschaft der Vereinigten Staaten im Zentrum von Teheran stattfindet. Die Vertretung der USA in Iran wurde am 4. November 1979 nach einem Geiseldrama geschlossen. Azad hat eine Kamera über der Schulter baumeln, er will Fotos machen.

Azad läuft die Ferdowsi Avenue entlang, eine von Platanen gesäumte Straße im Zentrum von Teheran. Blechkarawanen geraten hier zu jeder Uhrzeit ins Stocken. Rechts und links auf breiten Bürgersteigen stehen protzige Bankgebäude in klassizistischem Stil, die das Geld der Reichen aus dem Norden verwalten. Am Horizont glänzt eine silbrige Hochhaus-Silhouette. Dort, an den Hängen des Berges, lebt Azad in der Wohnung seiner Eltern. Sie hätten gerne einen Architekten in der Familie gehabt, doch Azad hat aus Frust über regierungstreue Universitätsprofessoren das Studium geschmissen und sich das Fotografieren und Zeichnen selbst beigebracht.

Azad geht an einer Absperrung vorbei und biegt in die Straße der Botschaft ein. Unter seinen Füßen raschelt Papier. Tausende bunte Flyer, die für die Veranstaltung werben, liegen auf dem Asphalt. Eine Handvoll Menschen hat sich vor einer

Holztribüne versammelt. Darauf steht ein Mann mit Megafon und reckt eine Faust in den Himmel. »Down with the USA!«, ruft er. Nieder mit den USA! Richtig Stimmung kommt nicht auf. Ein Herr mit Schirmmütze telefoniert. Ein Kind rennt über die Flyer, die durch die frische Luft wirbeln wie Blätter im Herbst. Die Botschaft selbst ist nicht zu sehen. Sie liegt versteckt hinter einer meterhohen Mauer, die bemalt ist mit Totenköpfen, orientalischen Ornamenten und Flugzeugen, aus deren Bäuchen Bomben prasseln.

Azad geht zu einem Polizisten, der gelangweilt an einem Baum steht. »Wie läuft es denn so?«, fragt Azad. »Die Demo macht mir den Tag kaputt«, antwortet der Polizist, und fast meint man ihn seufzen zu hören. Vielleicht wäre heute sein freier Tag, vielleicht wäre er gerne bei seiner Frau. Azad nickt freundlich und geht weiter. Am Bürgersteig parkt ein Schulbus. »Die Regierung hat die Kinder zu der Demonstration gebracht, damit überhaupt jemand erscheint«, sagt Azad und schießt ein Foto.

Ohne Erlaubnis dürfte Azad eigentlich gar nicht fotografieren. Im Iran ist es generell verboten, Bilder von öffentlichen Gebäuden oder Kundgebungen zu machen. Doch Azad bekommt selten Probleme, wenn er auf Fotosafari ist. Sein Trick: Er spricht die Polizisten an und plaudert mit ihnen. »Manchmal muss ich ihnen meine Kamera zeigen. Aber weil sie mich vorher kennengelernt haben, lassen sie mich weitermachen«, sagt er und lacht.

Azad verlässt die Demo. Er geht zu einer Metro-Station und fährt mit der U-Bahn ein paar Haltestellen weiter in die Nähe des Imam Khomeini Square. Dort tobt das Leben. Ein riesiger Kreisverkehr sieht aus wie ein Feuerrad, das in alle Richtungen Autos schleudert. Im Zentrum des Platzes ragt ein braunes Hochhaus mit schmutzigen Fenstern in den strahlend blauen Himmel. Gleich einem stählernen Insekt aus einem Science-Fiction-Film aus den siebziger Jahren wacht es über das Chaos auf der Erde.

Teherans Puls schlägt schnell. Azad will die Straßenseite wechseln und stürzt sich in den Verkehr. Auf der anderen Seite läuft er ziellos durch ein Gewirr von Gassen. Die Händler haben hier in Basar-Tradition Monokulturen erschaffen. Es gibt die Straße der Steckdosen, die Straße der Kühlschränke und die Straße der Autoreifen. In der Straße der Lampen befanden sich vor der Revolution die Programmkinos. Nach seiner Machtergreifung ließ Ayatollah Khomeini deren Eingänge und Schaufenster mit Brettern vernageln, später fanden sie eine neue Bestimmung. Azad lässt sich treiben. Manchmal bleibt er unvermittelt stehen, geht zu einem alten Mann, der Kassetten mit Korangesängen verkauft, und unterhält sich. Dann läuft er weiter. Seinem Tempo zu folgen ist nicht leicht. Immer in Bewegung, erzählt Azad von Stillstand. »Der Alltag besteht nur aus Warten«, sagt er. Warten auf das Taxi. Warten auf den Job. Warten auf das nächste Ausreisevisum. Um dem Stillstand zumindest äußerlich zu entfliehen, spaziert Azad manchmal stundenlang durch die Stadt und fotografiert.

Der Zufall hat Azad ins arabische Viertel geführt, und plötzlich steht er vor einer Schule. Der Pausenhof ist menschenleer, und in einem Baumwipfel sitzt eine einsame Rabenkrähe. Azad geht auf einen Mann zu, der am Eingang ein Gitter mit blauer Farbe anstreicht. »Hey«, sagt Azad. »Khomeini hat doch auf dem Dach dieser Schule die Anhänger des Schahs hinrichten lassen, stimmt das?« Der Mann unterbricht seine Malerarbeiten und blickt auf. Er überlegt einen Moment und fährt sich durch das zerzauste Haar. Nein. Aber irgendwo hier in der Nähe muss noch eine andere Schule sein, vielleicht kann Azad da nachfragen, sagt der Hausmeister und taucht seinen Pinsel wieder in den Farbtopf. Azad hat jetzt ein Ziel. Er will den Ort der Exekution finden. Er fragt eine Fußgängerin, die einen Zipfel ihres *Tschadors* mit dem Mund festhält. Sie schüttelt stumm den Kopf. Der Honigmelonensaft-Verkäufer am Straßenrand hat eine Idee. Dort hinten neben der Moschee könnte das Gebäude sein, das Azad sucht. Doch Fehlanzeige. Azad geht in einen kleinen Kebab-Imbiss und fragt den Besitzer. Auch er nimmt sich einen Augenblick Zeit, nachzudenken. »Fragen Sie doch mal da vorne im Schreibwarenladen«, schlägt er schließlich vor. Vor ein paar Jahren hätte man in der Öffentlichkeit nicht einfach so nach Hinrichtungen fragen können, erzählt Azad. Denn offiziell hat es gar keine Exekution gegeben. Die Menschen wären zu ängstlich gewesen, um ihm zu antworten. Doch seit ein paar Jahren hat sich die Stimmung in Teheran verändert. Der Kebab-Verkäufer, die Frau im *Taschador*, der Hausmeister – sie alle sind so unzufrieden mit der Regierung, dass sie auch bei helllichtem Tag über Hinrichtungskommandos sprechen.

Ein kleiner Mann mit dünnen Beinen stürmt aus dem Schreibwarengeschäft. Sein Gesicht ist

rot und verschrumpelt, es gleicht einem Bratap-
fel. Komm her, winkt er Azad herbei. Er kann ihm
alles über die Hinrichtungen erzählen, sagt der
Mann. Azds Reise geht weiter

Liebe, Sex und Hochzeitsglück

Vier Frauen und drei Männer erzählen

»Hast du schon mal einen Jungen geküsst?«, fragt Reza. Reza ist Anfang dreißig, genau wie ich. Er meint die Frage ernst. Reza lebt im Iran. Dem Land, in dem vorehelicher Sex mit Peitschenhieben bestraft wird, Seitensprünge mit Steinigung.

Reza und ich essen *Chorem-e-Sabzi*, Spinat mit Fleisch, und sind beim Thema Liebe angelangt. Reza erzählt, dass er noch nie ein Mädchen geküsst hat.

Drei Tage später bittet mich Reza nach dem Mittagsgebet zum Gespräch. Er hat Papier, Stifte und eine Schreibunterlage dabei. Er sitzt mir in der Hotellobby, in der er arbeitet, gegenüber wie ein Zinnsoldat und stellt Fragen: Möchtest du Kinder? Um welche Werte geht's dir im Leben? Er notiert meine Antworten. Klack-Klack, spielt er mit seinem Kugelschreiber. Dann holt er Luft und fragt: »Willst du mich heiraten?«

Liebe heißt *Eshgh* auf Persisch. *Eshgh* ist nicht immer einfach im Iran. Vier Frauen und drei Männer erzählen von Affären, Liebeskummer und Liebesglück im Gottesstaat.

Fatemeh, zweiunddreißig, verheiratet

Ich lebe in einem Dorf im Süden des Landes und arbeite in einer Apotheke. Einmal kam ein Mädchen in unseren Laden. Sie weinte und sagte, dass sie schwanger sei, obwohl sie ein Kondom benutzt habe. »Habt ihr es richtig angewendet?«, fragte ich. »Ich habe das Kondom hinuntergeschluckt, bevor wir miteinander geschlafen haben«, antwortete das Mädchen.

Ich bin oft fassungslos, wie wenig iranische Jugendliche über Verhütung wissen. Wobei es mir selber nicht anders ging. Im Iran gibt es keinen Aufklärungsunterricht in der Schule. Meine Familie ist zwar westlich eingestellt, trotzdem haben meine Eltern nie mit mir über Sex gesprochen. Erst als ich geheiratet habe, musste ich mit meinem Mann einen Hochzeitskurs besuchen. Das ist Pflicht für angehende Eheleute. Dort habe ich erfahren, dass die Frau einen Orgasmus haben kann. Vorher dachte ich, das wäre ein Privileg des Mannes.

Ilia, dreißig, noch in einer Beziehung

Meine Freundin Romisa und ich sind seit sechs Jahren ein Paar. Romisa ist toll. Meine Traumfrau. Natürlich tauschen wir Zärtlichkeiten aus. Wir küssen uns, übernachten auch beieinander. Miteinander geschlafen haben wir noch nicht. Wir wollten damit bis zur Ehe warten. Jetzt ist die Hochzeit aber geplatzt. Romisa wandert nach Kanada aus, morgen geht ihr Flieger. Sie will nicht im Iran bleiben, einem Land, in dem Ahmadinedschad wieder zum Präsidenten gewählt worden ist, sagt sie. Ich verstehe das. Wir haben oft darüber gesprochen, irgendwo neu anzufangen. Aber ich kann nicht weg. Meine Mutter braucht mich. Außerdem hält mich mein Job. Vielleicht bin ich auch einfach zu feige, um Romisa zu folgen. Männer weinen nicht, heißt ein iranisches Sprichwort. Ich heule seit zwei Tagen.

Lily, vierundzwanzig, Single

Im Iran gibt es zwei Arten von Männern: diejenigen, die bis zur Hochzeit keinen Sex haben, und diejenigen, die mit allen möglichen Frauen schlafen. Heiraten wollen sie dann aber eine Jungfrau. Solche Männer nennen wir *Gheirat* – Machos. Ali war so ein Macho. Nachdem wir im Bett waren, meldete er sich nur noch, um sich zum Sex zu verabreden. Irgendwann rief er gar nicht mehr an. Ein paar Monate später hörte ich von einer Freundin, dass er geheiratet hatte. Eine streng gläubige Frau, garantiert unberührt.

Javad ist anders. Mit seinen Wuschelhaaren und dem aufgeknöpften Holzfällerhemd sieht er aus wie ein freakiger Künstler, aber er ist streng religiös. Er will mit dem Sex bis zur Ehe warten. Bevor er mich fragen konnte, ob ich ihn heirate, habe ich die Beziehung beendet. Ich bin vierundzwanzig und will mich nicht festlegen. Gleichzeitig möchte ich nicht auf Körperlichkeiten verzichten. Erwarte ich zu viel?

Anahita, sechsundzwanzig, Single

Meine Tochter ist unehelich zur Welt gekommen – in Deutschland. Inzwischen lebe ich wieder in Teheran. Im Iran ist ein uneheliches Kind ein Grund, gesteinigt zu werden. Einen Freund habe ich bis jetzt nicht gefunden. Dass ich keine Jungfrau mehr bin, ist durch meine Tochter offensichtlich. Viele Männer denken, mit mir kann man ins Bett springen, mehr wollen sie nicht.

Djahan, dreißig, Single

Ich hatte mein erstes Mal mit einer Frau aus Tadschikistan. Offiziell war sie eine Prostituierte, für mich war sie eine Göttin. Bevor wir miteinander schliefen, sagte ich, dass ich sie heiraten möchte. Nur für ein paar Stunden, für die Zeit, die wir zusammen sind. *Sighe* heißt im Iran diese Form der Ehe. Sie ist zeitlich begrenzt und offiziell erlaubt. Ich wollte, dass wir uns mit Respekt begegnen, nicht wie Tiere. Deshalb habe ich den *Sighe*-Vorschlag gemacht. Sie war einverstanden. Mittlerweile würde ich gerne richtig heiraten. Doch ich habe kein Glück in der Liebe. Viele iranische Mädchen haben panische Angst, ihre Jungfräulichkeit zu verlieren. Sie denken, das könnte schon beim Küssen passieren. Mir ist es völlig egal, ob meine Zukünftige Jungfrau ist oder nicht. Hauptsache ich finde eine Frau, mit der ich mich gut verstehe.

Azadeh, einundzwanzig, Single

Ich lebe zusammen mit meiner Mutter in einer Einzimmerwohnung. Wenn es nach mir ginge, könnte alles so bleiben wie es ist. Aber meine Mutter möchte mich so schnell wie möglich verheiraten. Sie sucht im Bekanntenkreis nach einem geeigneten Mann. Hasan könnte passen, sagt sie. Hasan ist Ingenieur, sehr religiös und etwas älter als ich. Ich kenne ihn vom Sehen, aber unterhalten haben wir uns noch nicht. Außer mit meinen Uni-Professoren habe ich noch nie mit einem Mann gesprochen, der nicht zur Familie gehört. Was ich mir von meinem Zukünftigen erwarte? Mir ist wichtig, dass er erlaubt, dass meine Mutter bei uns lebt.

Hossein, dreiundzwanzig, in einer Beziehung

Das Bandaraz ist ein Café im Zentrum von Teheran und für mich so etwas wie ein Wohnzimmer. Jeden Nachmittag nach der Uni setze ich mich hier hin, bestelle einen Bananen-Shake und Käsetorte. Dann warte ich. Meine Freundin Zahra kommt immer erst zwei bis drei Stunden später. Aber ich will sie nicht verpassen, falls sie früher Zeit hat. Sie bleibt eine halbe Stunde, dann muss sie nach Hause. Ihre Eltern dürfen nicht wissen, dass wir ein Paar sind. Die halbe Stunde mit Zahra entschädigt mich für die Warterei. Wir sitzen uns gegenüber und kuscheln mit den Händen.

Massoud und Mascha

Liebesversprechen zu Neujahr

Die Eiskristalle an den Fensterscheiben sind ge-
schmolzen. Gelb und violett strecken Krokusse
ihre Knospen aus der Erde. Es ist der 20. Esfand
1387, nach dem römischen Kalender der 20. März
2009. In Teheran sitzen die Menschen mit Woll-
decken auf Parkbänken und blicken der Sonne
entgegen. Abends feiern sie *Nouruz*, das iranische
Neujahr und den Beginn des Frühlings. Massoud
hat ein weißes Hemd angezogen und einen Sei-
tenscheitel ins gegelte Haar gezogen. Er legt einen
Hauch Parfum auf, das nach Waldhölzern und
Moos duftet. Gleich wird er mit seinen Eltern zu
den Ehsanis fahren. Herr Ehsani ist ein ehemaliger
Kollege, mit dem sein Vater vor der Rente auf der
Wetterstation im Süden von Teheran gearbeitet
hat. Massouds Mutter steht in einem langen Sa-
tinkleid im Wohnzimmer und legt ihr Kopftuch
an. Als Massoud den Raum betritt, stellt sie sich
vor ihn und zupft eine unsichtbare Fluse von seinem Sakko. »Benimm dich bloß«, sagt sie und gibt
ihm einen Kuss auf die Nase. »Nicht doch«, sagt
Massoud und dreht lachend das Gesicht zur Seite.
Massoud ist fast dreißig Jahre alt und arbeitslos. Er
wohnt immer noch bei den Eltern und führt da-
durch das Leben eines Prinzen. Morgens erwacht
er vom Duft frischen Fladenbrots, und wenn er in
seinem Zimmer auf dem schmalen Bett liegt und
liest, bringt ihm seine Mutter ein Glas Orangensaft

und Kekse vorbei. Ihm geht es gut. Doch es wird
Zeit, das Nest zu verlassen und auf eigenen Beinen
zu stehen. Massouds Freunde von der Universität
sind inzwischen fast alle verheiratet. Shafin macht
mit seiner Frau Flitterwochen am Persischen Golf,
Mehdi und Payam erwarten ein Baby. Manchmal
fühlt sich Massoud wie ein Schiffbrüchiger, der
auf einer einsamen Insel zurückgelassen wurde.

Massoud und seine Eltern bestellen ein Taxi
und fahren zu den Ehsanis. Sie wohnen in einer
schmalen Allee im Norden von Teheran. Kinder
spielen auf der Straße, und weiße Häuser glänzen im Abendrosa. »Hier muss es sein«, sagt Massouds Mutter und zeigt aus dem Autofenster auf
ein mehrstöckiges Gebäude mit der Nummer fünf.
Auf ihrem Schoß liegt eine große bunte Schachtel
Konfekt. Das Taxi hält. Massoud und seine Eltern
steigen aus. Sie gehen zum Eingang, klingeln und
kündigen sich durch die Gegensprechanlage an.
Dann fahren sie mit dem Aufzug in die zweite Eta-
ge. Herr Ehsani erwartet sie bereits. »Salaam, herzlich Willkommen«, begrüßt er sie. Herr Ehsani ist
ein stattlicher Mann mit silbergrauen Schläfen und
einem breiten Kreuz. Seine Stimme klingt freundlich, gleichzeitig erinnert sie Massoud an einen
Donner, der über eine flache Landschaft hinweg-
rollt und Vögel in den Bäumen aufscheucht. Massoud hat Respekt vor ihm, fast sogar ein wenig
Angst. Vor allem aber fürchtet er sich vor einer
Frage.

»Wie schön, Sie kennenzulernen«, sagt Frau
Ehsani, als Massoud und seine Eltern das Wohnzimmer betreten und der Gastgeberin die Pralinen überreichen. Hinter Frau Ehsani steht ihre

Tochter Mascha. Viel zu sehen ist nicht von ihr. Ihr mädchenhaftes Gesicht umrahmt ein zarter geblümter Stoff, der an ihrem Körper herabfließt wie ein Wasserfall und sich auf ihren Füßen staut. Die Ehsanis sind streng gläubige Muslime. Sie leben strikt nach den Traditionen des Islam. Einzig, dass ein Tisch gedeckt ist und sie nicht auf dem Boden essen, ist Ausdruck eines westlichen Lebensstils. Die Familien nehmen Platz. Herr Ehsani setzt sich Massoud gegenüber, Frau Ehsani reicht Schalen mit Reis, Gemüse und Fisch. Man plaudert über das Wetter, den Ruhestand und die nächste Reise. Irgendwann hält Herr Ehsani inne. Er beugt seinen Oberkörper über den Teller und stützt die Ellenbogen auf die Tischplatte. Das Messer und die Gabel in seinen Händen sehen aus wie erhobene Zeigefinger. »Massoud. Erzähl von dir. Wo arbeitest du?«, fragt er. Massoud holt tief Luft. Bei dieser Frage möchte er am liebsten in einem Kaninchenloch verschwinden. »Ich habe persische Literatur studiert. Im Moment suche ich einen Job als Lehrer«, sagt er. Er schämt sich. Männer, die bald dreißig werden, kein Geld verdienen und noch nicht verheiratet sind, genießen wenig Ansehen. Im Iran noch weniger als anderswo auf der Welt. Herr Ehsani zieht seine buschigen Augenbrauen zusammen und schweigt. Nur das Ticken seiner Armbanduhr ist zu hören. Dann klatscht Frau Ehsani in die Hände und unterbricht die Stille. »Möchte jemand Wasser?«, fragt sie fröhlich.

Nach dem Essen hilft Mascha ihrer Mutter, das Geschirr abzuräumen. Gleich kommt ihre ältere Schwester mit ihrem Mann und den Kindern vorbei. Mascha ist vierundzwanzig Jahre alt und hat an der Azad-Universität in Teheran Englisch und Wirtschaft studiert. Inzwischen arbeitet sie in einem Übersetzungsbüro. Wie die meisten iranischen Frauen ist sie sehr gebildet und selbständig. Sie verdient genug Geld, um sich eine eigene Wohnung zu leisten. Doch sie lebt noch bei den Eltern, weil die gesellschaftlichen Konventionen das nahelegen. Wenn sie einen Mann gefunden hat, wird sie ausziehen und eine eigene Familie gründen, genau so hat es ihre Schwester gemacht.

Mascha kommt gut gelaunt mit einer Vase Hyazinthen aus der Küche. Sie geht damit zu einem kleinen Tisch, der in einer Ecke des Wohnzimmers steht und entsprechend dem iranischen Neujahrsbrauch geschmückt ist. Dort stellt sie die Blumen auf die Decke aus Damast. Die Iraner feiern *Nouruz* mit sieben Speisen und Dingen, die mit S beginnen. Darunter sind *Sombol*, Hyazinthen, *Samanu*, Gebäck aus Weizen, *Sendjed*, Mehlbeeren, oder *Sib*, ein Apfel. Außerdem befindet sich auf dem Tisch ein bauchiges Glas, in dem ein Goldfisch schwimmt. Er gilt im Iran als Glücksbote. Auf einem kleinen Teller liegen Münzen und symbolisieren Reichtum. Ein Hühnerei ist bunt bemalt und steht für Fruchtbarkeit. An der Wand lehnt ein Spiegel. Er reflektiert das Stillleben der guten Wünsche und wendet böse Geister ab. Die Gaben zeigen Dinge, die sich wohl jeder für das neue Jahr wünscht, Massoud aber kann sie besonders gut gebrauchen. Er tritt hinter Mascha. Mit flinken Bewegungen streicht sie einen gehäkelten Untersetzer glatt, verschiebt hier und da ein Schälchen. Da klingelt es an der Wohnungstür. Mascha dreht sich zu Massoud um. Ihre Augen leuchten. »Vielleicht ist das Amoo Nouruz«, sagt sie und lächelt. Sie weiß, dass die Besucher vermutlich Schwester und Familie sind, aber *Amoo Nouruz*, Onkel Neujahr, wird an diesem Abend ebenfalls erwartet. Der bärtige Mann in grünen Hosen und grünem Mantel ist das persische Gegenstück zu Nikolaus, er überbringt den iranischen Kindern Geschenke. »Komm, wir sehen nach«, sagt Mascha und läuft zur Tür. Massoud geht hinter ihr her wie ein Hündchen hinter seiner Herrin. Er ist nicht besonders gläubig, doch in diesem Augenblick kommt es ihm vor, als hätte ihm der Himmel ein Zeichen geschickt. Er beschließt, Mascha zu heiraten.

Seit dem Neujahrsfest denkt Massoud ständig an Mascha. Er denkt an sie beim Essen, beim Lesen der Stellenanzeigen und beim Zähneputzen. Wenn draußen vor dem Fenster die Nachtigall singt und er nicht einschlafen kann, erscheint ihm ihr geblümter Schleier vor dem inneren Auge. Ohne sie näher zu kennen, ist Mascha plötzlich alles für ihn geworden. Eine Verheißung auf eine glückliche Zukunft mit Kindern, die Aussicht auf eine eigene Wohnung und gesellschaftliche Anerkennung. Nach drei Wochen hat sich Massoud dermaßen in eine Fantasiewelt verstrickt, dass er mutig genug ist, Mascha anzurufen. Er nimmt das Telefon, wählt ihre Nummer und hofft inständig, dass sich nicht Herr Ehsani meldet. Er hat Glück, Mascha ist am Apparat. »Möchtest du mit mir einen Tee trinken gehen?«, fragt er.

Zwei Tage später nimmt Massoud ein sportliches Blouson vom Kleiderhaken im Flur und wirft einen prüfenden Blick in den Spiegel. Es kann losgehen. Draußen an der Hauptstraße steigt er in ein Sammeltaxi und fährt bis ins Zentrum von Teheran. An einer Kreuzung in der Nähe des großen Basars steigt er aus. Massoud hat sich mit Mascha im Park-e Shahr verabredet. Sie wollen sich am Teehaus treffen, an der bunten Diskokugel am Eingang, die dort nur zur Zierde steht, denn im Iran gibt es keine Diskotheken. Massoud wartet. Er blickt auf seine Armbanduhr, zieht das Handy aus der Hosentasche, dann sucht er die Umgebung mit den Augen ab. Schließlich sieht er Mascha, sie kommt ihm auf einem schmalen Sandweg entgegen. Massoud atmet auf, erleichtert und nervös zugleich. Mascha ist wirklich eine Schönheit. Ihr Porzellanteint schimmert frisch, und ihr Schleier fällt über einen Pferdeschwanz, den sie hoch am Hinterkopf zusammengebunden hat. »Danke für die Einladung«, sagt sie, als sie vor Massoud steht. Die beiden lächeln sich an und verneigen sich leicht. »Ein schöner Tag«, sagt Massoud verlegen und zeigt nach oben. Die Sonne ist eine gleißend helle Scheibe an einem azurblauen Himmel. Sie betreten das Teehaus, das eingerichtet ist wie eine typische orientalische Lounge. Die Wände pflastern historische Schwarz-Weiß-Fotografien von Teheran. Rote und grüne Scheinwerfer tauchen den Raum in ein schummriges Licht. Überall stehen *Diwane* herum, auf denen Gäste sitzen und Wasserpfeife rauchen.

Massoud und Mascha nehmen auf einem der Bettsofas Platz. Ein hagerer Kellner eilt sofort herbei und reicht ihnen zwei Speisekarten. Er wartet, bis sich die beiden entschieden haben. Massoud bestellt eine Kugel Vanilleeis und ein Glas Tee. Mascha nimmt Orangensaft und Nescafé.

Mascha kennt das Teehaus. Vor ein paar Wochen war sie mit ihrer Mutter hier, nachdem sie auf dem Basar Stoffe für Schleier und *Tschadors* eingekauft haben. Obwohl überall an den Wänden Schilder angebracht sind, die Frauen das Rauchen verbieten, haben Mascha und ihre Mutter eine Wasserpfeife mit Apfeltabak bestellt. »Aber sag deinem Vater nichts davon«, hatte Frau Ehsani zu ihrer Tochter gesagt und gelacht. Mascha mag die kleinen Geheimnisse, die sie mit ihrer Mutter teilt. Dinge, die nur Frauen etwas angehen und von denen Männer nichts zu wissen brauchen. Auch dass sie sich heute mit Massoud trifft, hat sie ihrer Mutter gesagt, ihrem Vater dagegen verschwiegen. Als sie neun oder zehn Jahre alt war, hat ihr Vater sie zur Seite genommen. Er guckte sie streng an und erinnerte Mascha an einen Adler. Von nun an, sagte ihr Vater, dürfe sie nicht mehr mit den Jungen aus der Nachbarschaft spielen. Warum nicht? fragte Mascha. Weil du jetzt eine Frau wirst, sagte ihr Vater. Mascha nickte. Sie stellt das Wort ihres Vaters nicht in Frage. Sie hört auf ihn, auch heute noch. Aber wenn sie einen Rat braucht, geht sie zu ihrer Mutter.

Der Kellner bringt zwei zierliche Tabletts, auf denen die Getränke stehen. Mascha schaut Massoud von der Seite an. Er trinkt einen Schluck Tee und erzählt von einem Buch, das er gerade gelesen hat. Doch, er sieht gut aus. Ein bisschen wie ein Schauspieler aus einer vergangenen Zeit, findet sie. Die beiden unterhalten sich, bis die Sonne untergeht.

Ein schöner Nachmittag, denkt Mascha, als sie wieder zu Hause ist. Ein wunderschöner Tag, denkt Massoud, als er in seinem Zimmer auf dem Bett sitzt und in den Abendhimmel blickt.

Massoud stammt aus einer westlich eingestellten Familie. Seine Eltern haben eine Satellitenschüssel auf dem Balkon und empfangen darüber Fernsehprogramme aus Amerika oder England, die im Iran verboten sind. In der Moschee waren sie schon lange nicht mehr, und sie befolgen nicht alle Regeln des Gottesstaats. Doch wenn Massoud Mascha wiedersehen möchte, muss er sich an die islamischen Sitten halten, nicht zuletzt, weil ihre Familie sehr orthodox ist. Er kann sich also nicht einfach weiterhin mit ihr treffen und eine Beziehung anfangen. Genauso wenig kann er sie fragen, ob sie ihn heiraten möchte. Das muss sein Vater machen.

Massouds Vater sitzt wie so oft am Küchentisch neben dem Fenster und rührt mit einem Löffel in einem Glas Tee. Alle paar Minuten führt er das Getränk an den Mund und saugt die bernsteinfarbene Flüssigkeit durch ein Stück Zucker ein, das er zwischen seine Zähne geklemmt hat. Massoud steht eine Weile stumm im Türrahmen. Er sammelt sich und formuliert in Gedanken seine Worte. »Ich möchte Mascha heiraten«, sagt er schließlich. Massouds Vater war immer schon ein schweigsamer Mensch. Nach ein paar Minuten, die Massoud vorkommen wie eine halbe Ewigkeit, wendet er den Kopf zur Seite. Er blickt Massoud an und nickt. »Gut«, sagt er.

Ein paar Tage später sitzt Massoud im Schneidersitz auf einer kleinen Anhöhe im Tulpenpark und lehnt mit dem Rücken an einem Magnolienbaum. Ein paar Schulmädchen spielen in der Nähe Volleyball, eine Mutter schiebt ihren Kinderwagen über einen Kiesweg. Es ist ein herrlicher Sommertag, doch Massoud bekommt davon nichts mit. Er hält den Blick gesenkt und starrt ins Leere. Fixiert mit den Augen einen Marienkäfer, der einen Grashalm erklimmt, dann zieht er sein Handy aus der Hosentasche und schaut aufs Display. Keine Nachricht, kein Anruf, nichts. Massoud seufzt, als trüge er die Last des Elburs-Gebirges auf seinen Schultern. Massoud wartet auf einen Anruf. Sein Vater und Maschas Vater entscheiden heute, ob ihre Kinder heiraten werden.

Mascha steht am Herd und prüft, ob das Wasser im Samowar bereits kocht. Als es so weit ist, dreht sie den kleinen Zinkhahn auf und füllt schwarzen Tee in zwei kleine Gläser. Die stellt sie auf ein Silbertablett und geht damit ins Wohnzimmer. Am Tisch sitzen ihr Vater und Massouds Vater. Die beiden unterbrechen das Gespräch, als sie den Raum betritt und setzen die Unterhaltung erst wieder alleine fort. Mascha steht in der Küche und schaut aus dem Fenster auf die Straße. Ein Auto fährt vorbei. Alles erscheint ihr wie in Zeitlupe.

Mascha weiß, dass die Väter über eine Hochzeit sprechen. Bereits jetzt ahnt sie, dass ihr Vater ihre Hand nicht freigeben wird. »Du hast etwas ganz Besonderes verdient«, sagt ihr Vater oft zu ihr. Damit meint er einen Mann, der Geld hat. Und was ist mit ihr? Die Liebe kommt nach der Hochzeit, hat ihre Mutter einmal freundlich zu Mascha gesagt und ihre Hand getätschelt.

Massoud kann nicht mehr still sitzen. Er erhebt

sich und klopft ein paar Grashalme von seiner Hose. Langsam geht er zum Ausgang des Parks. An der Hauptstraße steigt er in ein Sammeltaxi. Der Wagen quält sich durch den Verkehr. Besonders auf der Vali-Asr, der Prachtstraße von Teheran, die wie eine Achse einmal quer durch die Stadt verläuft, gerät der Wagen ins Stocken. Im Norden, kurz vor den Ausläufern des Gebirges, gibt Massoud dem Fahrer ein Zeichen, er reicht ihm ein paar Geldscheine und steigt aus. Das Paytakht Shoppingcenter ist ein Einkaufszentrum, das eingequetscht ist in eine Häuserzeile mit Bürogebäuden und Schnellimbissen. Massoud betritt das Foyer, in dem Lametta und Luftschlangen von der Decke hängen, ein Computergeschäft reiht sich an das nächste. Massoud geht in einen Laden und fragt den Verkäufer nach einem gebrauchten Laptop, den er im Schaufenster gesehen hat. Er lässt sich beraten. Ein neuer Computer – damit könnte er Bewerbungen schreiben und vielleicht endlich einen Job finden. Er denkt daran, wie er Mascha und sein Kind versorgt. Als er gerade mit dem Angestellten um den Preis feilscht, piepst sein Telefon. Eine SMS! Massoud fingert das Handy aus der Jackentasche. Es fällt fast zu Boden, so aufgeregt ist er. Die Nachricht ist von Mascha.

»Mein Vater stimmt einer Hochzeit nicht zu. Es tut mir leid. Mascha.«

Nachsatz

Viele Reportagen aus diesem Buch wurden bereits veröffentlicht, in der *FAZ*, der *NZZ am Sonntag*, der *EMMA*, auf *www.zeit.de* und im Magazin des *Hamburger Abendblatts*. Zu hören waren einige davon beim *ORF* und bei *Deutschlandradio Kultur*.

Die Reportage »Sein Leben für die Liebe riskieren« wurde durch die Internationale Gesellschaft für Menschenrechte für den »Medienpreis 2009 Menschenrechte im Iran« nominiert.